JAMIE OLIVER

5 INGREDIENTES
COMIDA RÁPIDA E FÁCIL

Fotos dos pratos DAVID LOFTUS

Retratos PAUL STUART & JAMIE OLIVER

Projeto gráfico JAMES VERITY/ SUPERFANTASTIC

Tradução LÍGIA AZEVEDO

COMPANHIA DE MESA

DEDICADO
A MEUS CINCO
INGREDIENTES
FAVORITOS

POPPY HONEY ROSIE 2002

DAISY BOO PAMELA 2003

PETAL BLOSSOM RAINBOW 2009

BUDDY BEAR MAURICE 2010

RIVER ROCKET BLUE DALLAS 2016

SUMÁRIO

INTRODUÇÃO 6

SALADAS 12

MASSAS 48

OVOS 74

FRANGO 94

PEIXE 122

VEGETAIS 154

CARNE BOVINA 180

CARNE SUÍNA 206

CORDEIRO 224

ARROZ E NOODLES 242

DOCES 262

NUTRIÇÃO 304

ÍNDICE REMISSIVO 308

5 INGREDIENTES

Comida rápida e fácil reúne combinações geniais de apenas cinco ingredientes que, juntos, chegam a um resultado inegavelmente delicioso e com mínimo esforço. São pratos que você pode pôr na mesa em até 30 minutos ou que levam míseros 10 minutos ou menos para montar, deixando todo o trabalho pesado para o forno ou o fogão.

Quero que todo mundo tenha prazer em cozinhar em casa e, com este livro, não há desculpa. Tornei o mais simples possível fazer uma comida deliciosa, celebrando a magia de cinco ingredientes, a qualquer dia da semana, independentemente da ocasião — de um jantar rápido durante a semana a um banquete no fim de semana com os amigos.

O conceito é simples, mas a estrutura, o planejamento elaborado e o espírito deste livro — assim como infinitos testes com receitas — são a chave do sucesso. A possibilidade de deslumbrar outras pessoas com combinações incríveis que estão pedindo para ser desfrutadas despertou uma animação real em mim enquanto eu criava estas receitas. É uma questão de empoderamento e de retornar ao básico. As receitas são curtas, e cada uma inclui uma lista visual de ingredientes para levar você do trabalho de um lado ao deleite gastronômico do outro: os apetitosos pratos finalizados.

Pelo sumário, fica claro que tentei deixar as proteínas fabulosas, elevar bons vegetais, tornar as saladas mais interessantes, preparar peixes saborosos sem estresse, celebrar uma simples massa e subir o nível dos pratos de arroz. Além disso, há um capítulo bônus com doces deliciosos, sobremesas fáceis e biscoitos simples para serem desfrutados com uma xícara de chá. Imagino que você tenha uma despensa à qual recorrer, mas, ao contrário das costumeiras longas listas que costumam exigir, mantive a deste livro supersimples, com apenas cinco ingredientes-chave — como você deve ter imaginado (detalhes na p. 10).

FONTE DE IDEIAS E INSPIRAÇÃO IMEDIATA

COMBINAÇÕES INCRÍVEIS

Sem contar os doces do último capítulo, 70% das receitas deste livro são saudáveis, e incluí informações nutricionais em cada página, se precisar delas. Nem todas as receitas constituem uma refeição balanceada por si só — algumas são apenas uma maneira de fazer o peixe ou a carne que vai surpreender você, misturas que elevam os vegetais a outro nível, saladas lindas e coloridas que ajudam a aumentar o consumo de folhas e frutas, assim como elementos que você pode juntar, combinar e complementar da maneira que quiser. O importante é lembrar de manter um equilíbrio considerando a semana toda — refresque sua memória nas pp. 304-5.

O tema da comida aparece de formas muito variadas hoje, do Pinterest, BuzzFeed e YouTube ao boca a boca, em uma série de ótimos truques e pílulas de informação fáceis de digerir, acompanhadas de referências visuais muito atraentes. Minha intenção com este livro é reunir tudo isso de maneira que faça sentido em um único lugar, compartilhando receitas consistentes e interessantes que por sua própria natureza são baseadas em bons truques, dicas e técnicas. Fui direto ao ponto e mantive tudo muito simples, para que você possa folhear estas páginas como uma fonte de ideias e obter inspiração imediata. Espero que goste e deseje compartilhar este livro com amigos, familiares, filhos ou quem quer que seja.

ENTÃO, SEJA FELIZ NA COZINHA E, POR FAVOR, COMPARTILHE SEUS PRATOS NO INSTAGRAM COM A HASHTAG #COMIDARÁPIDAEFÁCIL

A DESPENSA DE 5 INGREDIENTES

Restringi a despensa a cinco ingredientes que considero essenciais. Cozinhar é simplesmente impossível sem eles à mão, e acredito que toda casa deve tê-los. Embora minha própria despensa esteja lotada de todo tipo de coisa, são esses cinco itens que vão reaparecer regularmente no livro e dos quais você vai precisar para qualquer uma das receitas. Eles não estão incluídos nas listas de ingredientes de cada uma, porque presumo que você já os tenha. Esses cinco heróis são: **azeite** para cozinhar, **azeite extravirgem** para temperar e finalizar, **vinagre de vinho tinto** para conferir acidez e equilibrar marinadas e molhos e, é claro, **sal marinho** e **pimenta-do-reino** moída na hora para temperar. Tenha tudo isso e já pode começar!

QUALIDADE, NÃO QUANTIDADE

Como sempre acontece na cozinha, mas especialmente neste livro, o sucesso das receitas depende de utilizar ingredientes da melhor qualidade possível. Espero que o fato de não precisar comprar um monte de coisa para cada receita possibilite o investimento nos melhores produtos que puder encontrar. Para isso, lembre-se de que adquirir produtos da estação sempre resulta no consumo de alimentos mais nutritivos, gostosos e em conta.

Ingredientes que fazem uma diferença visível no sabor são: linguiças, salmão defumado, atum, leguminosas e tomate italiano pelado em lata, sorvete e chocolate amargo.

O CONGELADOR É SEU AMIGO

Pensei em muitas das receitas para duas pessoas, de modo que ficasse fácil duplicar ou reduzir conforme necessário. Algumas é melhor fazer em grandes quantidades, particularmente quando envolvem cozimento lento, e sempre dá para congelar o que sobrar. Apenas lembre-se de levar a comida ao congelador em menos de duas horas depois de pronta, mas depois de ter esfriado (dividir em porções acelera esse processo). Certifique-se de que esteja bem embalada, principalmente se tiver carne ou peixe, e etiquetada. Deixe descongelar na geladeira antes de usar. Como regra geral, se congelou comida pronta, não volte a congelar depois de reaquecer.

CELEBRANDO CONDIMENTOS

Uso muitos condimentos neste livro, como chutney de manga, curry em pasta, molho teriyaki, missô e pesto. Dá para encontrar versões de ótima qualidade desses itens no supermercado. Eles dão sabor e economizam horas no preparo, assim como espaço na despensa — e ainda evitam o desperdício de comida. São ótimos para refeições rápidas e fáceis, mas, quando for comprar, lembre-se: em geral você recebe aquilo pelo que paga.

DESTACANDO ERVAS FRESCAS

Ervas são um presente para qualquer cozinheiro, e eu uso um monte delas neste livro. Em vez de comprá-las, por que não cultivar no jardim ou em vasos no peitoril da janela? Ervas são a base da cozinha, permitindo adicionar sabor a um prato sem precisar colocar sal demais, o que é bom para todo mundo. Também contêm todo tipo de qualidades nutricionais, e gostamos disso.

CARNES E OVOS

Já disse isto antes e insisto: não há motivo para comer carne a menos que o animal tenha sido criado corretamente, livre para pastar em um ambiente sem estresse e em plena saúde. Para mim, faz todo o sentido que aquilo que colocamos no nosso corpo tenha desfrutado de uma boa vida e que isso se reflita em nós. De modo geral, deveríamos todos tentar fazer mais refeições baseadas em vegetais e leguminosas, e comer carne de qualidade com menos frequência. Com isso em mente, sempre que puder, opte por carne orgânica, de animais criados livres e em boas condições. No caso de carne de vaca ou de cordeiro, certifique-se de que o animal tenha sido alimentado com grama. O mesmo vale para ovos ou qualquer coisa que os contenha, como macarrão — sempre escolha orgânicos, de granjas em que as galinhas são criadas livres. Use caldo orgânico também.

FOCO NO PEIXE

É muito importante comprar peixe o mais fresco possível. Pode ser óbvio, mas no minuto em que você compra o peixe e o tira do ambiente em que estava armazenado, a qualidade começa a cair. Compre o melhor peixe e use-o no mesmo dia. Se não for possível, congele até usar, ou já compre congelado, em lata ou conserva, que também podem ser de qualidade. Certifique-se de escolher peixes de fontes sustentáveis sempre que puder — peça ajuda ao peixeiro ou ao atendente do balcão de peixes do mercado. Tente variar o tipo, optando por peixes sustentáveis e da época quando disponíveis.

LATICÍNIOS DIÁRIOS

Com laticínios básicos, como leite, iogurte e manteiga, apoio 100% o uso de orgânicos. São um pouco mais caros, mas é muito mais fácil e barato fazer essa troca do que quando se trata de carne. Além disso, sempre que consome alimentos orgânicos, você contribui para um sistema alimentar melhor.

SOBRE UTENSÍLIOS

Mantive a lista de utensílios deste livro bastante simples — algumas panelas e frigideiras antiaderentes que vão ao forno, uma frigideira grill, uma panela baixa, tábuas de corte, assadeiras resistentes e um bom jogo de facas (além de algumas fôrmas, se estiver de olho no capítulo de doces). Se quiser economizar tempo, alguns utensílios tornam a sua vida muito mais fácil, como descascador de legumes, ralador e pilão, que são fantásticos para criar textura e dar sabor. Um processador de alimentos é sempre útil, principalmente quando se está com pressa! Mantenha seus utensílios em boas condições e a cozinha organizada e pronto!

SALADAS

FRANGO COM MOLHO CHINÊS NA ALFACE

SERVE 2 | 17 MINUTOS NO TOTAL

1 manga madura

2 colheres (sopa) de molho hoisin

2 filés de peito de frango (120 g cada), sem pele

1 alface-romana (300 g)

1 maço de broto de agrião

Leve uma frigideira grill ao fogo alto. Corte uma fatia grossa (até o caroço) dos dois lados da manga. Divida cada uma em três no sentido do comprimento e só depois descasque e pique toda a polpa em cubos de 1 cm. Aperte o caroço sobre uma tigela, para extrair a polpa e o sumo, misture com o molho hoisin e divida em dois potes pequenos.

Achate os peitos de frango com os punhos até que a extremidade mais grossa tenha a mesma altura que a extremidade mais fina. Esfregue 1 colher (sopa) de azeite e uma pitada de sal marinho e pimenta-do-reino e grelhe por 2 a 3 minutos de cada lado ou até estar cozido. Enquanto isso, apare a alface, solte as folhas e divida em dois pratos. Disponha o agrião ao lado.

Divida a manga e o molho. Fatie o frango e ajeite no prato. Para comer, coloque um pouco de tudo dentro de uma folha de alface, usando-a como suporte.

CALORIAS	GORDURA	GORDURA SATURADA	PROTEÍNA	CARBOIDRATOS	AÇÚCAR	SAL	FIBRAS
289 kcal	9,6 g	1,8 g	31,3 g	20,3 g	19,2 g	1,3 g	2,5 g

SALADA DE GRÃOS E CENOURA

SERVE 2 | 18 MINUTOS NO TOTAL

350 g de cenoura míni ou cenoura normal em palitos

1 romã

1 maço grande de hortelã fresca (60 g)

250 g de grãos cozidos — escolha a mistura que preferir

40 g de queijo feta

Lave a cenoura, corte as maiores ao meio e coloque em uma frigideira antiaderente com 1 colher (sopa) de azeite e uma pitada de sal marinho e de pimenta-do-reino. Leve ao fogo médio-alto por 15 minutos ou até dourar e ficar macia, mexendo com frequência. Enquanto isso, corte a romã ao meio e esprema o sumo de metade sobre uma peneira apoiada em uma tigela. Acrescente 1 colher (sopa) de vinagre de vinho tinto e 2 colheres (chá) de azeite extravirgem. Pique bem a metade superior do topo do maço de hortelã (reservando algumas folhas mais bonitas), acrescente à tigela, prove e tempere a gosto.

Transfira a cenoura para a tigela e aqueça os grãos na frigideira por 1 minuto, com um respingo de água. Junte-os à tigela e misture com a cenoura, então divida em dois pratos.

Segurando a outra metade da romã com a parte cortada para baixo, bata nos lados dela com as costas de uma colher para que as sementes caiam sobre os pratos de salada. Esfarele ou rale o queijo feta por cima, decore com as folhas de hortelã reservadas e pronto.

CALORIAS	GORDURA	GORDURA SATURADA	PROTEÍNA	CARBOIDRATOS	AÇÚCAR	SAL	FIBRAS
477 kcal	23,7 g	5,7 g	15,5 g	49,1 g	1,7 g	1,2 g	11,3 g

SALMÃO NIÇOISE

SERVE 2 | 18 MINUTOS NO TOTAL

2 filés de salmão (120 g cada), com pele, sem osso e sem espinhas

300 g de vagem

2 ovos grandes

8 azeitonas pretas (com caroço)

2 colheres (sopa) cheias de iogurte grego

Coloque o salmão com a pele para baixo em um escorredor apoiado em uma panela com água salgada fervente e deixe cozinhar, com tampa, por 8 minutos. Apare as vagens e deixe ferver por 6 minutos na água sob o salmão ou até cozinhar, mas sem amolecer demais. Acrescente os ovos com cuidado e deixe cozinhar por exatos 5min30s. Enquanto isso, amasse as azeitonas, descarte os caroços e pique bem. Misture metade das azeitonas com o iogurte e um pouco de vinagre de vinho tinto. Prove e tempere a gosto com sal marinho e pimenta-do-reino.

Transfira o salmão para uma tábua e escorra os ovos e a vagem. Misture a vagem ao molho de iogurte e divida entre os pratos. Esfrie os ovos em água fria até que dê para manipular, descasque e corte em quartos. Quebre o salmão em pedaços, descartando a pele, disponha os ovos por cima e salpique o restante das azeitonas picadas. Finalize do alto com 1 colher (chá) de azeite extravirgem e uma boa pitada de pimenta-do-reino.

CALORIAS	GORDURA	GORDURA SATURADA	PROTEÍNA	CARBOIDRATOS	AÇÚCAR	SAL	FIBRAS
398 kcal	24,7 g	6 g	38,3 g	6,5 g	5,2 g	0,7 g	3,3 g

SALADA DE ABÓBORA COM HARISSA

SERVE 4 | 10 MINUTOS DE PREPARO | 50 MINUTOS DE COZIMENTO

1 abóbora-cheirosa (1,2 kg)

1 colher (sopa) cheia de harissa rosa

2 avocados maduros

100 g de folhas para salada

125 g de mozarela de búfala (bola)

Preaqueça o forno a 180°C. Com cuidado, corte a abóbora em pedaços de cerca de 5 cm (com sementes e casca), transfira para uma assadeira e esfregue com a harissa, 1 colher (sopa) de azeite e uma pitada de sal marinho e de pimenta-do-reino. Asse por 50 minutos ou até a abóbora ficar macia e dourada.

Pouco antes de desligar o forno, coloque em uma tigela grande 1 colher (sopa) de azeite extravirgem, 1 colher (sopa) de vinagre de vinho tinto e um pouco de sal marinho e pimenta-do-reino. Abra os avocados, descartando a casca e o caroço, fatie e adicione à tigela. Inclua as folhas, mexendo com delicadeza. Divida a abóbora quente (com casca e sementes) entre os pratos e use garfos para amassar. Adicione a salada, esfarele pedaços da mozarela de búfala por cima e sirva a seguir.

CALORIAS	GORDURA	GORDURA SATURADA	PROTEÍNA	CARBOIDRATOS	AÇÚCAR	SAL	FIBRAS
361 kcal	24,2 g	7,4 g	11,1 g	26,3 g	14,2 g	1,3 g	5,6 g

SALADA DE FAVA

SERVE 2 | 15 MINUTOS NO TOTAL

200 g de favas frescas ou congeladas

30 g de amêndoas

1 pote de 480 g de pimentões assados em conserva

½ maço de salsinha (15 g)

30 g de queijo manchego

Ferva a fava em uma panela com água salgada por 3 minutos, escorra e tire a pele das maiores. Toste as amêndoas em uma frigideira grill seca em fogo médio até que estejam levemente douradas, mexendo com frequência, depois pique bem.

Escorra o pimentão (reservando a salmoura) e abra ao meio. Grelhe na frigideira grill quente de um lado só, até ficar dourado. Retire do fogo e corte em fatias de 1 cm de espessura. Pique bem os talos da salsinha, separando as folhas, e misture tudo com a fava, o pimentão, 1½ colher (sopa) de azeite extravirgem, 1 colher (sopa) de vinagre de vinho tinto e 1 colher (sopa) da salmoura do pimentão. Prove, tempere com sal marinho e pimenta-do-reino e divida entre os pratos.

Faça lascas finas de queijo com o descascador de legumes, regue com 1 colher (chá) de azeite extravirgem, salpique as amêndoas e sirva.

CALORIAS	GORDURA	GORDURA SATURADA	PROTEÍNA	CARBOIDRATOS	AÇÚCAR	SAL	FIBRAS
360 kcal	26,7 g	5,8 g	14,3 g	15,2 g	8 g	0,4 g	8,2 g

SALMÃO DEFUMADO COM AVOCADO

SERVE 2 | 15 MINUTOS NO TOTAL

1 pepino pequeno

6 ramos de endro fresco

100 g de salmão defumado

1 avocado maduro

2 colheres (sopa) de queijo cottage

Use um descascador de legumes para fazer fatias finas de pepino no sentido do comprimento. Coloque em uma tigela com uma pitada de sal marinho e 2 colheres (sopa) de vinagre de vinho tinto e amasse para fazer um picles rápido. Pique o endro e adicione a maior parte à tigela.

Divida o salmão defumado em dois pratos. Corte o avocado ao meio, descartando o caroço e a casca. Com cuidado, empilhe as fatias de pepino de um lado do prato e despeje o líquido do picles dentro das metades de avocado. Adicione colheradas de queijo cottage sobre o salmão e regue com 1 colher (chá) de azeite extravirgem. Polvilhe do alto com uma pitada de pimenta-do-reino e o restante do endro e bom apetite.

CALORIAS	GORDURA	GORDURA SATURADA	PROTEÍNA	CARBOIDRATOS	AÇÚCAR	SAL	FIBRAS
246 kcal	17,7 g	3,9 g	17,1 g	4,4 g	3,2 g	1,5 g	1,2 g

SALADA DE PATO COM LARANJA

SERVE 2 | 24 MINUTOS NO TOTAL

2 filés de peito de pato (150 g cada), com pele

1 baguete

15 g de nozes sem sal

3 laranjas comuns ou sanguíneas

30 g de agrião

Com uma faca, risque a pele do pato e esfregue com sal marinho e pimenta-do-reino. Coloque em uma frigideira grande e antiaderente em fogo médio-alto, com a pele para baixo. Cozinhe por 6 minutos ou até a pele ficar dourado-escura, vire e deixe na frigideira por mais 5 minutos ou ao ponto de que gostar. Deixe descansar em uma tábua, mantendo a frigideira no fogo.

Corte 10 fatias finas de baguete (guarde o restante para outro dia). Coloque na frigideira quente junto com as nozes para tostar e dourar na gordura do pato. Retire do fogo e disponha as torradas nos pratos. Enquanto isso, corte e descarte as extremidades das laranjas, descasque e fatie em rodelas finas (removendo as sementes).

Faça fatias finas de pato e disponha sobre as torradas, aproveitando tudo. Acrescente as laranjas por cima e em volta. Tempere o agrião com o que tiver sobrado de sumo na tábua, depois jogue por cima. Quebre ou rale as nozes e finalize com elas do alto, acrescentando um pouco mais de tempero, e sirva.

CALORIAS	GORDURA	GORDURA SATURADA	PROTEÍNA	CARBOIDRATOS	AÇÚCAR	SAL	FIBRAS
600 kcal	20,5 g	4,5 g	49 g	54,8 g	26,9 g	1,5 g	6,1 g

SALADA DE FAVA E ATUM

SERVE 2 | 15 MINUTOS NO TOTAL

½ cebola roxa

1 aipo

½ maço de salsinha (15 g)

½ pote de 660 g de fava-manteiga cozida

1 lata de 220 g de atum em conserva de azeite

Descasque a cebola roxa e fatie tão fino quanto possível. Em uma tigela grande, amasse com ½ colher (sopa) de vinagre de vinho tinto e uma pitada de sal marinho. Apare e corte bem o aipo e coloque sobre a cebola. Pique fino os talos de salsinha, acrescente à tigela, depois inclua as folhas.

Disponha a fava em uma única camada em uma frigideira antiaderente quente no fogo médio-alto com 1 colher (chá) de azeite. Tenha fé e deixe ficar crocante e dourar embaixo. Vire para fazer o mesmo com o outro lado.

Regue a salada de cebola com 1 colher (sopa) de azeite extravirgem e 1 colher (sopa) de vinagre de vinho tinto. Escorra o atum e quebre-o em pedaços, acrescente à salada e misture tudo com cuidado. Divida as favas entre os pratos, coloque a salada por cima e polvilhe do alto com uma boa pitada de pimenta-do-reino antes de servir.

CALORIAS	GORDURA	GORDURA SATURADA	PROTEÍNA	CARBOIDRATOS	AÇÚCAR	SAL	FIBRAS
362 kcal	15,7 g	2,2 g	36,3 g	19,3 g	4,3 g	1,5 g	6,1 g

BRESAOLA, BETERRABA E RAIZ-FORTE

SERVE 2 | 14 MINUTOS NO TOTAL

160 g de beterraba baby

3 colheres (chá) cheias de molho de raiz-forte

3 colheres (chá) cheias de creme de leite fresco semidesnatado

50 g de agrião

40 g de bresaola fatiada

Esfregue a casca das beterrabas para limpar, reservando as folhas mais bonitas, então corte em palitos com uma faca, um descascador que corte à julienne ou uma mandolina (nesse caso, use a proteção!). Tempere com ½ colher (sopa) de azeite extravirgem e ½ colher (sopa) de vinagre de vinho tinto. Junte o molho de raiz-forte e o creme de leite fresco, então adicione sal marinho e pimenta-do-reino. Misture com cuidado o agrião e as folhas de beterraba reservadas.

Divida a bresaola em dois pratos, depois faça o mesmo com a salada de beterraba. Regue com 1 colher (chá) de azeite extravirgem e sirva.

CALORIAS	GORDURA	GORDURA SATURADA	PROTEÍNA	CARBOIDRATOS	AÇÚCAR	SAL	FIBRAS
154 kcal	8,6 g	2,9 g	11,1 g	8,5 g	7,3 g	0,8 g	2,4 g

ARROZ SELVAGEM COM AMARENA E ACELGA

SERVE 2 | 28 MINUTOS NO TOTAL

150 g de arroz selvagem

200 g de acelga

60 g de amarena seca

20 g de nozes sem sal

40 g de queijo feta

Cozinhe o arroz em uma panela com água salgada fervente, de acordo com as instruções do pacote. Apare os talos da acelga, corte e cozinhe-os no vapor sobre o arroz por 3 minutos. Acrescente as folhas e deixe no fogo por mais 2 minutos, depois tire. Enquanto isso, pique bem a amarena e misture em uma tigela grande com 1 colher (sopa) de vinagre de vinho tinto e 1 colher (sopa) da água do cozimento do arroz, mais 1 colher (sopa) de azeite extravirgem. Pique bem as nozes e os talos de acelga, depois rasgue as folhas.

Escorra bem o arroz, acrescente à tigela com a amarena e a acelga e esfarele o queijo feta por cima. Misture bem, prove e tempere a gosto com sal marinho e pimenta-do-reino. Sirva com as nozes polvilhadas por cima.

CALORIAS	GORDURA	GORDURA SATURADA	PROTEÍNA	CARBOIDRATOS	AÇÚCAR	SAL	FIBRAS
548 kcal	17,9 g	4,6 g	16 g	84,3 g	24,7 g	1,1 g	3,4 g

CAVALINHA DEFUMADA CROCANTE

SERVE 2 | 10 MINUTOS NO TOTAL

2 filés de cavalinha defumada (70 g cada)

300 g de beterraba pré-cozida

50 g de agrião

2 colheres (chá) de molho de raiz-forte (ou raiz-forte fresca, se preferir)

2 colheres (sopa) de iogurte natural

Com uma faca afiada, faça cortes na pele do peixe em intervalos de 1 cm. Coloque em uma frigideira antiaderente em fogo médio, com a pele para baixo, até ficar bem dourado e crocante. Enquanto isso, escorra as beterrabas, reservando o líquido. Fatie em rodelas finas — gosto de usar uma faca de corte ondulado. Disponha nos pratos e ponha o agrião por cima.

Misture a raiz-forte ao iogurte, prove e tempere a gosto com sal marinho e pimenta-do-reino. Disponha o peixe crocante sobre a salada e distribua o iogurte com raiz-forte em volta. Misture 1 colher (sopa) de azeite extravirgem ao sumo da beterraba e regue toda a salada antes de servir.

CALORIAS	GORDURA	GORDURA SATURADA	PROTEÍNA	CARBOIDRATOS	AÇÚCAR	SAL	FIBRAS
352 kcal	24,7 g	5,1 g	18 g	14,2 g	13,3 g	1,5 g	3,2 g

SALADA MORNA DE LENTILHA

SERVE 4 | 13 MINUTOS NO TOTAL

1 lata de 50 g de anchovas em óleo ou sardinhas anchovada em óleo

1 limão-siciliano em conserva (20 g)

400 g de brócolis

1 a 2 pimentas dedo-de-moça

500 g de lentilha cozida

Junte as anchovas e o óleo no liquidificador com 1 colher (sopa) do líquido da conserva de limão-siciliano e um pouquinho de água. Bata até ficar homogêneo, diluindo com um pouco mais de água, se necessário.

Apare os brócolis e branqueie em uma panela grande com água salgada fervente por 3 minutos ou até ficarem macios. Enquanto isso, corte o limão-siciliano da conserva em quartos, descartando o miolo e as sementes, e pique bem o restante. Fatie a pimenta em rodelas finas. Escorra os brócolis, devolva à panela no fogo e tempere com o limão-siciliano, a maior parte da pimenta e 1 colher (sopa) de azeite extravirgem. Acrescente a lentilha e mexa por 2 minutos, então divida em pratos, regue com o molho de anchova e cubra com a pimenta reservada. Finalize com ½ colher (sopa) de azeite extravirgem.

CALORIAS	GORDURA	GORDURA SATURADA	PROTEÍNA	CARBOIDRATOS	AÇÚCAR	SAL	FIBRAS
200 kcal	7,6 g	1,5 g	13,6 g	19,6 g	3,6 g	1,3 g	10,8 g

SALADA DE CENOURA E TAHINE

SERVE 2-4 | 20 MINUTOS NO TOTAL

2 colheres (sopa) cheias de sementes variadas

½ dente de alho

1 limão-siciliano

300 g de cenoura

2 maçãs

Toste as sementes em uma frigideira antiaderente e seca em fogo médio, mexendo sempre, até ficarem levemente douradas. Ponha ¾ delas em um pilão com uma pitada de sal marinho e soque até obter um pó fino. Junte o alho já sem casca e amasse até obter uma pasta. Esprema o limão-siciliano e adicione 1 colher (sopa) de azeite extravirgem e um fio de vinagre de vinho tinto para um delicioso molho estilo tahine.

Lave as cenouras e faça palitos finos com uma faca, um descascador de legumes que corte à julienne ou uma mandolina (nesse caso, use a proteção!). Descarte o miolo das maçãs e corte-as do mesmo jeito, então misture ambas ao molho tahine. Prove, tempere a gosto com sal marinho e pimenta-do-reino e finalize com as sementes restantes por cima.

CALORIAS	GORDURA	GORDURA SATURADA	PROTEÍNA	CARBOIDRATOS	AÇÚCAR	SAL	FIBRAS
263 kcal	15,6 g	2,4 g	4,5 g	27,9 g	25,4 g	0,6 g	8 g

SALADA DE MELANCIA, RABANETE E FETA

SERVE 2 | 18 MINUTOS NO TOTAL

2 colheres (sopa) de pinoli

400 g de melancia

200 g de rabanete, de preferência com as folhas

4 ramos de hortelã fresca

50 g de queijo feta

Toste o pinoli em uma frigideira antiaderente e seca em fogo médio por 1 minuto, mexendo sempre, até dourar levemente. Tire a melancia da casca, descarte as sementes e fatie em pedaços tão pequenos quanto puder. Corte o rabanete em fatias bem finas, mantendo as folhas mais bonitas, e com cuidado tempere ambos com 1 colher (sopa) de azeite extravirgem e 2 colheres (sopa) de vinagre de vinho tinto. Prove e tempere a gosto com sal marinho e pimenta-do-reino.

Disponha a melancia e o rabanete em pratos ou em uma travessa e salpique o pinoli, as folhas de hortelã e pedacinhos de feta. Finalize do alto com uma pitada de pimenta-do-reino.

CALORIAS	GORDURA	GORDURA SATURADA	PROTEÍNA	CARBOIDRATOS	AÇÚCAR	SAL	FIBRAS
262 kcal	18,7 g	5 g	7,1 g	17 g	16,9 g	0,7 g	0 g

SALADA DE AIPO-RÁBANO E PRESUNTO CRU

SERVE 2 | 10 MINUTOS NO TOTAL

200 g de aipo-rábano

2 colheres (chá) de mostarda com grãos

2 colheres (sopa) cheias de iogurte grego

½ maço de estragão (15 g)

4 fatias de presunto cru

Descasque o aipo-rábano e rale ou faça palitos finos com uma faca, um descascador de legumes que corte à julienne ou uma mandolina (nesse caso, use a proteção!).

Coloque em uma tigela e tempere com a mostarda, o iogurte, 1 colher (sopa) de azeite extravirgem e 1 colher (sopa) de vinagre de vinho tinto. Misture bem. Inclua as folhas de estragão, prove e tempere a gosto com sal marinho e pimenta-do-reino. Divida em dois pratos e disponha o presunto cru em volta. Regue com 1 colher (chá) de azeite extravirgem e polvilhe do alto com uma pitada de pimenta-do-reino.

CALORIAS	GORDURA	GORDURA SATURADA	PROTEÍNA	CARBOIDRATOS	AÇÚCAR	SAL	FIBRAS
192 kcal	14,4 g	3,7 g	10,9 g	4,8 g	3,8 g	1,5 g	3,7 g

SALADA DE BATATA-DOCE

SERVE 2 | 9 MINUTOS DE PREPARO | 1 HORA DE COZIMENTO

2 batatas-doces grandes (300 g cada)

500 g de tomate maduro

4 cebolinhas com bulbo

50 g de rúcula

40 g de queijo feta

Preaqueça o forno a 180°C. Lave e esfregue a casca da batata-doce, coloque em uma assadeira e asse por 1 hora ou até amolecer.

Em seguida, pique grosseiramente o tomate e apare e pique bem a cebolinha. Misture tudo com 1 colher (sopa) de azeite extravirgem e um pouco de vinagre de vinho tinto. Prove e tempere a gosto com sal marinho e pimenta-do-reino.

Divida a batata-doce em dois pratos. Misture a rúcula com o tomate e coloque por cima da batata. Esfarele o queijo feta por cima, regue com 1 colher (chá) de azeite extravirgem e polvilhe do alto com uma pitada de pimenta-do-reino.

CALORIAS	GORDURA	GORDURA SATURADA	PROTEÍNA	CARBOIDRATOS	AÇÚCAR	SAL	FIBRAS
429 kcal	13,2 g	4,4 g	9,8 g	72,5 g	25,7 g	1,1 g	3,2 g

SALADA DE COUVE E AVELÃ

SERVE 2 | 14 MINUTOS NO TOTAL

20 g de avelã branqueada

200 g de couve-portuguesa

60 ml de buttermilk ou iogurte natural

30 g de parmesão

1 limão-siciliano

Toste a avelã em uma frigideira antiaderente e seca em fogo médio até dourar levemente, mexendo com frequência, depois quebre um pouco e pique bem.

Corte os talos da couve-portuguesa, descarte os duros, enrole as folhas e pique bem, transferindo para uma tigela grande. Regue com 2 colheres (sopa) de azeite extravirgem e acrescente o buttermilk ou o iogurte e metade da avelã. Rale metade do parmesão e faça raspas da casca de limão-siciliano, depois esprema o sumo de meio limão. Aperte a couve-portuguesa para amolecê-la. Prove e tempere a gosto com sal marinho e pimenta-do-reino, acrescentando mais sumo de limão-siciliano, se quiser.

Divida entre os pratos, rale por cima o restante do parmesão, polvilhe com a avelã e regue com 1 colher (chá) de azeite extravirgem.

CALORIAS	GORDURA	GORDURA SATURADA	PROTEÍNA	CARBOIDRATOS	AÇÚCAR	SAL	FIBRAS
292 kcal	25,8 g	3,5 g	11,3 g	3,9 g	3,6 g	0,4 g	0,7 g

MASSAS

ESPAGUETE VERDE

SERVE 2 | 13 MINUTOS NO TOTAL

150 g de espaguete seco

4 dentes de alho

200 g de couve-toscana

30 g de parmesão

30 g de ricota

Cozinhe o macarrão em uma panela com água salgada ferventes, de acordo com as instruções do pacote. Enquanto isso, descasque o alho. Descarte os talos da couve, adicione as folhas e o alho à panela do macarrão e cozinhe por 5 minutos. Coloque 1½ colher (sopa) de azeite extravirgem no liquidificador e rale o parmesão. Use um pegador para transferir com cuidado as folhas de couve e o alho direto para o liquidificador e bata por alguns minutos até ficar bem homogêneo. Prove e tempere a gosto com sal marinho e pimenta-do-reino.

Escorra o macarrão, reservando uma xícara da água do cozimento. Devolva à panela e misture com o vibrante molho verde, afinando com um pouco da água do cozimento reservada, se necessário, então divida entre os pratos. Esfarele a ricota por cima, regue com um pouco de azeite extravirgem e sirva imediatamente.

CALORIAS	GORDURA	GORDURA SATURADA	PROTEÍNA	CARBOIDRATOS	AÇÚCAR	SAL	FIBRAS
456 kcal	17,3 g	5,5 g	18,4 g	60,5 g	3,7 g	0,9 g	2,6 g

CARBONARA COM LINGUIÇA

SERVE 2 | 15 MINUTOS NO TOTAL

150 g de talharim seco

3 linguiças toscanas

½ maço de salsinha (15 g)

1 ovo grande

30 g de parmesão

Cozinhe o macarrão em uma panela com água salgada fervente, de acordo com as instruções do pacote. Escorra, reservando 1 xícara da água do cozimento. Enquanto isso, retire a carne da linguiça da tripa e, com as mãos molhadas, molde rapidamente 18 bolinhas do mesmo tamanho. Passe-as na pimenta-do-reino e frite em uma frigideira antiaderente em fogo médio com ½ colher (sopa) de azeite até cozinhar e dourar, mexendo com frequência. Reserve.

Pique bem as hastes e folhas da salsinha e bata com o ovo e um pouco da água do cozimento do macarrão. Rale a maior parte do parmesão e misture.

Transfira o macarrão escorrido para a panela da linguiça, despeje a mistura de ovo e mexa por 1 minuto fora do fogo (o ovo vai cozinhar delicadamente no calor residual). Afine o molho com um pouco da água do cozimento reservada, tempere a gosto com sal marinho e pimenta-do-reino e rale o restante do parmesão por cima.

CALORIAS	GORDURA	GORDURA SATURADA	PROTEÍNA	CARBOIDRATOS	AÇÚCAR	SAL	FIBRAS
633 kcal	30,6 g	10,8 g	33,6 g	59,3 g	3,1 g	1,7 g	2,6 g

ESPAGUETE COM SIRI E ERVA-DOCE

SERVE 2 | 18 MINUTOS NO TOTAL

1 bulbo de erva-doce

150 g de espaguete seco

1 pimenta dedo-de-moça

160 g de tomate-cereja maduro de cores variadas

160 g de carne de siri ou caranguejo

Coloque uma frigideira grande e antiaderente em fogo médio-baixo. Apare a erva-doce, separando e reservando as extremidades com folhas. Corte o bulbo ao meio e pique bem. Leve à frigideira com 1 colher (sopa) de azeite e cozinhe com tampa por 5 minutos. Enquanto isso, cozinhe o macarrão em uma panela com água salgada fervente, de acordo com as instruções do pacote, então escorra, reservando 1 xícara da água do cozimento.

Descarte as sementes da pimenta e pique-a bem. Adicione à frigideira com a erva-doce e cozinhe sem tampa até amolecer e grudar, mexendo de vez em quando. Corte os tomates ao meio e leve à frigideira por 2 minutos. Junte a carne de siri e, 1 minuto depois, o macarrão escorrido. Afine o molho com um pouco da água do cozimento reservada, se necessário. Tempere a gosto com sal marinho e pimenta-do-reino, polvilhando com o que tiver reservado das extremidades da erva-doce e regando com 1 colher (chá) de azeite extravirgem. Bom apetite!

CALORIAS	GORDURA	GORDURA SATURADA	PROTEÍNA	CARBOIDRATOS	AÇÚCAR	SAL	FIBRAS
464 kcal	13,2 g	2,6 g	26,1 g	63,9 g	8,6 g	1,1 g	3,5 g

PENNE ARRABBIATA COM BERINJELA

SERVE 4 | 28 MINUTOS NO TOTAL

12 pimentas dedo-de-moça

2 berinjelas (500 g no total)

300 g de penne integral seco

4 dentes de alho

1 lata de 400 g de tomate italiano sem pele

Para fazer uma conserva rápida, corte as pimentas ao meio e descarte as sementes. Encha um pote de vidro limpo e resistente ao calor com azeite, então despeje em uma frigideira antiaderente em fogo médio-baixo e acrescente as pimentas. Enquanto isso, leve uma panela com água salgada para ferver. Corte as berinjelas ao meio no sentido do comprimento e branqueie na água, com tampa, por 5 minutos, então retire, deixando a água ferver. Transfira com cuidado a pimenta para o pote de vidro e depois o azeite, deixando 2 colheres (sopa) de azeite na frigideira (guarde o pote de conserva para dar um gostinho especial a outros pratos). Pique a berinjela em pedaços de 3 cm e acrescente à frigideira com uma pitada de sal marinho e pimenta-do-reino. Suba o fogo para alto, mexendo com frequência.

Cozinhe o macarrão na panela com água fervente, de acordo com as instruções do pacote, enquanto descasca e corta o alho em fatias finas, depois frite com a berinjela por 2 minutos. Acrescente o tomate, quebrando-o com uma colher de pau, e meia lata de água. Adicione quantas pimentas tiver coragem ao molho e deixe em fervura branda até o macarrão estar cozido. Prove e tempere a gosto. Escorra o macarrão, reservando 1 xícara da água do cozimento, então misture com o molho, afinando com um pouco da água do cozimento reservada, se necessário. Sirva-se!

CALORIAS	GORDURA	GORDURA SATURADA	PROTEÍNA	CARBOIDRATOS	AÇÚCAR	SAL	FIBRAS
346 kcal	9 g	1,4 g	12,8 g	57,3 g	9,5 g	0,3 g	7,1 g

MACARRÃO COM SALMÃO DEFUMADO

SERVE 4 | 12 MINUTOS NO TOTAL

350 g de aspargos

300 g de talharim ou aletria seco

250 g de salmão defumado à quente, sem pele

1 limão-siciliano

100 ml de creme de leite fresco semidesnatado

Com um descascador de legumes, faça tiras da metade superior, mais macia, dos aspargos. Pique bem o restante dos talos, descartando a extremidade fibrosa. Cozinhe o macarrão em uma panela com água salgada fervente, de acordo com as instruções do pacote, então escorra, reservando 1 xícara da água do cozimento. Enquanto isso, quebre grosseiramente o salmão em uma frigideira grande e antiaderente em fogo médio-alto. Acrescente os aspargos picados e mexa de vez em quando, até o macarrão ficar pronto.

Raspe a casca de ½ limão-siciliano sobre o salmão. Esprema o sumo dessa mesma metade e acrescente ao macarrão escorrido, com um pouco da água do cozimento reservada e o creme de leite fresco. Adicione os aspargos em tiras, mexa de novo e tempere a gosto com sal marinho e pimenta-do-reino. Sirva com cunhas de limão-siciliano para espremer por cima.

CALORIAS	GORDURA	GORDURA SATURADA	PROTEÍNA	CARBOIDRATOS	AÇÚCAR	SAL	FIBRAS
435 kcal	11,1 g	4 g	28,1 g	59,3 g	5,8 g	1,4 g	2,2 g

MACARRÃO COM ATUM SICILIANO

SERVE 4 | 14 MINUTOS NO TOTAL

300 g de macarrão conchinha seco

4 colheres (chá) cheias de alcaparras

500 g de tomate-cereja maduro de cores variadas

1 colher (sopa) de orégano seco, de preferência com as flores

1 lata de 220 g de atum em conserva de azeite

Cozinhe o macarrão em uma panela com água salgada fervente, de acordo com as instruções do pacote. Enquanto isso, leve uma frigideira grande e antiaderente ao fogo médio-alto com 1 colher (sopa) de azeite. Adicione as alcaparras e frite até ficarem bem crocantes, então reserve, deixando o azeite aromático na frigideira. Corte os tomates ao meio e acrescente à frigideira junto com a maior parte do orégano. Escorra e despedace o atum na frigideira, acrescentando 2 conchas da água do cozimento do macarrão, e deixe em fervura baixa até o macarrão estar cozido.

Escorra o macarrão, reservando 1 xícara da água do cozimento. Junte o macarrão na frigideira com o atum, afinando o molho com um pouco da água do cozimento reservada, se necessário. Prove, tempere a gosto com sal marinho e pimenta-do-reino, então divida entre os pratos. Finalize do alto com as alcaparras crocantes, o restante do orégano e 1 colher (chá) de azeite extravirgem.

CALORIAS	GORDURA	GORDURA SATURADA	PROTEÍNA	CARBOIDRATOS	AÇÚCAR	SAL	FIBRAS
411 kcal	9,6 g	1,3 g	24,3 g	60,7 g	6,2 g	1,1 g	3,4 g

LINGUINE COM ABOBRINHA E LIMÃO-SICILIANO

SERVE 2 | 15 MINUTOS NO TOTAL

150 g de linguine seco

2 abobrinhas

½ maço de hortelã fresca (15 g)

30 g de parmesão

1 limão-siciliano

Cozinhe o macarrão em uma panela com água salgada fervente, de acordo com as instruções do pacote, então escorra, reservando 1 xícara da água do cozimento. Enquanto isso, fatie as abobrinhas no sentido do comprimento e corte em palitos com uma faca, um descascador de legumes que corte à julienne ou uma mandolina (nesse caso, use a proteção!). Leve uma frigideira grande e antiaderente ao fogo médio-alto com 1 colher (sopa) de azeite e junte a abobrinha. Refogue por 4 minutos, mexendo com frequência. Pique bem as folhas de hortelã e acrescente à frigideira.

Transfira o macarrão escorrido para a frigideira da abobrinha com um pouco da água do cozimento reservada. Rale a maior parte do parmesão e um pouco de raspas de limão-siciliano. Esprema todo o sumo do limão, misture bem, prove e tempere a gosto com sal marinho e pimenta-do-reino. Monte os pratos, ralando o restante do parmesão por cima e regando com 1 colher (chá) de azeite extravirgem antes de servir.

CALORIAS	GORDURA	GORDURA SATURADA	PROTEÍNA	CARBOIDRATOS	AÇÚCAR	SAL	FIBRAS
430 kcal	14,5 g	4,4 g	18,4 g	60 g	6,3 g	0,8 g	2,2 g

MACARRÃO AO ALHO COM COGUMELOS

SERVE 2 | 16 MINUTOS NO TOTAL

150 g de macarrão trofie ou parafuso seco

2 dentes de alho

250 g de cogumelos variados

25 g de parmesão

2 colheres (sopa) cheias de creme de leite fresco semidesnatado

Cozinhe o macarrão em uma panela com água salgada fervente, de acordo com as instruções do pacote, então escorra, reservando 1 xícara da água do cozimento. Enquanto isso, descasque e corte o alho em fatias finas. Coloque em uma frigideira grande e antiaderente em fogo médio-alto com ½ colher (sopa) de azeite e, 1 minuto depois, os cogumelos, rasgando os maiores. Tempere com sal marinho e pimenta-do-reino. Refogue por 8 minutos ou até dourar, mexendo com frequência.

Transfira o macarrão escorrido para a frigideira com os cogumelos e um pouco da água do cozimento reservada. Rale a maior parte do parmesão e acrescente o creme de leite. Prove e tempere a gosto. Monte os pratos, finalizando com mais parmesão ralado.

CALORIAS	GORDURA	GORDURA SATURADA	PROTEÍNA	CARBOIDRATOS	AÇÚCAR	SAL	FIBRAS
402 kcal	13 g	5,7 g	16,8 g	58,1 g	3,7 g	0,8 g	3,6 g

ESPAGUETE AO VÔNGOLE APIMENTADO

SERVE 2 | 15 MINUTOS NO TOTAL

150 g de linguine seco

500 g de vôngole, com a concha limpa

20 g de linguiça 'nduja ou linguiça tipo chorizo espanhol

½ maço de salsinha (15 g)

100 ml de vinho rosé leve

Cozinhe o macarrão em uma panela com água salgada fervente, de acordo com as instruções do pacote, escorrendo 1 minuto antes e reservando 1 xícara da água do cozimento. Enquanto isso, selecione o vôngole, dando um tapinha naqueles que não estiverem bem fechados. Se não fecharem, descarte. Quebre a linguiça 'nduja em uma frigideira grande e antiaderente, acrescente 1 colher (sopa) de azeite, leve ao fogo médio e deixe a carne derreter enquanto pica bem a salsinha (hastes e folhas). Na mesma frigideira, junte a maior parte da salsinha, o vôngole e o vinho e tampe. Depois de 3 ou 4 minutos, o vôngole vai começar a abrir — sacuda a frigideira até que todos abram, então retire do fogo, descartando os que se mantiverem fechados.

Transfira o macarrão escorrido para a frigideira com o vôngole, adicione um pouco da água do cozimento reservada e deixe ferver em fogo baixo por 1 minuto. Prove e tempere a gosto com sal marinho e pimenta-do-reino, se necessário. Monte os pratos, regue com um pouco de azeite extravirgem e finalize com o restante da salsinha por cima e sirva.

CALORIAS	GORDURA	GORDURA SATURADA	PROTEÍNA	CARBOIDRATOS	AÇÚCAR	SAL	FIBRAS
556 kcal	12,5 g	2,1 g	41,9 g	62,5 g	2,9 g	0,6 g	2,2 g

PENNE COM PORCO E COGUMELO

SERVE 4 | 27 MINUTOS NO TOTAL

30 g de cogumelo porcini seco

300 g de paleta de porco moída

1 cebola

300 g de penne integral seco

50 g de parmesão

Em uma tigela pequena, cubra os cogumelos com 400 ml de água fervente. Coloque a carne de porco moída em uma panela grande e baixa com 1 colher (sopa) de azeite, quebre-a e frite em fogo alto, mexendo com frequência. Enquanto isso, descasque e pique bem a cebola, depois escorra e pique o cogumelo, reservando a água em que ficou de molho.

Adicione a cebola e o cogumelo na panela e refogue por 10 minutos ou até dourar. Acrescente 1 colher (sopa) de vinagre de vinho tinto e a água em que o cogumelo ficou de molho (descartando qualquer sujeira que tenha ficado). Deixe em fervura baixa por 10 minutos, enquanto cozinha o macarrão em uma panela com água salgada fervente, de acordo com as instruções do pacote. Escorra 1 minuto antes e reserve 1 xícara da água do cozimento.

Transfira o macarrão escorrido e 250 ml da água do cozimento reservada para a panela com a carne de porco, então rale a maior parte do parmesão. Prove e tempere a gosto com sal marinho e pimenta-do-reino. Leve ao fogo baixo por 2 minutos para emulsificar o molho. Emprate, rale o restante do parmesão por cima, regue com um pouco de azeite extravirgem e desfrute.

CALORIAS	GORDURA	GORDURA SATURADA	PROTEÍNA	CARBOIDRATOS	AÇÚCAR	SAL	FIBRAS
524 kcal	21,2 g	7,2 g	30,8 g	55,9 g	6,1 g	0,6 g	8,5 g

FARFALLE COM PERA E GORGONZOLA

SERVE 2 | 15 MINUTOS NO TOTAL

150 g de farfalle seco

75 g de gorgonzola

½ radicchio ou 2 chicórias vermelhas

2 peras bem maduras

30 g de nozes sem sal

Cozinhe o macarrão em uma panela média com água salgada fervente, de acordo com as instruções do pacote, então escorra, reservando 1 xícara da água do cozimento. Derreta o queijo em uma tigela resistente ao calor sobre a panela do macarrão, retirando com cuidado quando começar a ficar puxa-puxa.

Enquanto isso, corte o radicchio em fatias de 1 cm de espessura. Leve a uma frigideira grande, antiaderente e seca em fogo alto por 5 minutos, virando na metade do tempo, até chamuscar dos dois lados. Descasque as peras, corte em quartos, remova o miolo e corte em fatias finas no sentido do comprimento. Quebre as nozes e adicione a maior parte à frigideira, junto com as peras e um pouco da água do cozimento do macarrão. Reduza o fogo para médio, tampe e deixe caramelizar levemente.

Junte o macarrão escorrido e o gorgonzola à frigideira, com um pouco de vinagre de vinho tinto e da água do cozimento reservada, se necessário. Prove e tempere a gosto com sal marinho e pimenta-do-reino. Finalize com o restante das nozes quebradas e 1 colher (chá) de azeite extravirgem.

CALORIAS	GORDURA	GORDURA SATURADA	PROTEÍNA	CARBOIDRATOS	AÇÚCAR	SAL	FIBRAS
575 kcal	24,5 g	8,5 g	20,1 g	73,2 g	19,4 g	1,3 g	6,8 g

MACARRÃO COM CAMARÃO AO PESTO ROSÉ

SERVE 2 | 12 MINUTOS NO TOTAL

300 g de camarões jumbo com casca

4 dentes de alho

2 colheres (chá) cheias de pesto vermelho

150 g de talharim ou aletria seco

150 ml de vinho rosé leve

Fora do fogo, coloque 4 camarões inteiros em uma frigideira grande e antiaderente com 1 colher (sopa) de azeite. Retire a cabeça do restante dos camarões e acrescente à frigideira para dar mais sabor. Descarte as patas, a cauda e a casca. Passe a ponta da faca pelas costas dos camarões, puxe a tripa e pique-os. Descasque e corte o alho em fatias finas. Leve a frigideira ao fogo médio-alto, após 2 minutos, adicione o alho e os camarões picados. Um minuto depois, junte o pesto vermelho, mexendo com frequência.

Enquanto isso, cozinhe o macarrão em uma panela com água salgada fervente, de acordo com as instruções do pacote. Despeje o vinho rosé sobre os camarões e deixe ferver e reduzir por 1 minuto. Escorra o macarrão, reservando 1 xícara da água do cozimento, então transfira-o para a frigideira, afinando o molho com um pouco da água do cozimento reservada, se necessário. Deixe no fogo por 1 minuto, prove e tempere a gosto com sal marinho e pimenta-do-reino.

CALORIAS	GORDURA	GORDURA SATURADA	PROTEÍNA	CARBOIDRATOS	AÇÚCAR	SAL	FIBRAS
468 kcal	11,4 g	1,6 g	24,6 g	58,2 g	3,6 g	0,6 g	2,9 g

OVOS

OMELETE DE OVOS MEXIDOS

SERVE 2 | 10 MINUTOS NO TOTAL

350 g de tomate maduro

½ maço de manjericão fresco (15 g)

½ a 1 pimenta dedo-de-moça

65 g de mozarela de búfala (cerca de ½ bola de uns 130 g)

4 ovos grandes

Fatie o tomate em fatias finas e disponha em uma travessa. Tempere com um pouco de azeite extravirgem, vinagre de vinho tinto, sal marinho e pimenta-do-reino. Coloque a maior parte das folhas de manjericão em um pilão, amasse com uma pitada de sal marinho até virar uma pasta e acrescente 1 colher (sopa) de azeite extravirgem.

Pique bem a pimenta e a mozarela. Leve uma frigideira antiaderente de 26 cm ao fogo médio com ½ colher (sopa) de azeite. Bata e despeje os ovos. Mexa com uma espátula de silicone, movendo-os com cuidado na frigideira. Quando estiverem levemente mexidos, mas ainda soltos, pare de mexer, coloque a mozarela no meio e regue com o azeite com manjericão. Deixe os ovos cozinharem por 1 minuto, então — hora da técnica — pegue a frigideira, incline-a um pouco e, com a outra mão, dê tapinhas no punho que segura a frigideira até que os ovos virem. Use a espátula para devolver os ovos ao meio da frigideira e depois dobrá-los. Vire sobre a travessa com o tomate, deixando o fundo por cima.

Corte ao meio para revelar os ovos mexidos e molhadinhos. Finalize com a pimenta (quantas tiver coragem de comer!) e as folhas restantes de manjericão.

CALORIAS	GORDURA	GORDURA SATURADA	PROTEÍNA	CARBOIDRATOS	AÇÚCAR	SAL	FIBRAS
356 kcal	28,9 g	9 g	20,9 g	4,4 g	4 g	1,2 g	1,3 g

PÃO DE FRIGIDEIRA COM OVO E CHUTNEY DE MANGA

SERVE 2 | 12 MINUTOS NO TOTAL

4 ovos grandes

100 g de farinha com fermento, e mais para polvilhar

6 colheres (sopa) de iogurte natural

2 colheres (sopa) de chutney de manga

1 pimenta dedo-de-moça

Leve os ovos a uma panela com água fervente forte e deixe cozinhar por exatos 5min30s, então resfrie em água fria até que consiga manipular e descasque. Enquanto isso, leve uma frigideira grande e antiaderente ao fogo médio-alto. Em uma tigela, junte a farinha com uma pitada pequena de sal marinho, 4 colheres (sopa) de iogurte e 1 colher (sopa) de azeite e misture até formar uma massa. Divida ao meio e abra cada pedaço em uma superfície limpa e enfarinhada até chegar a pouco menos de 0,5 cm de espessura. Cozinhe na frigideira por 3 minutos ou até dourar, virando na metade do tempo.

Passe o chutney de manga e o restante do iogurte no pão. Corte ao meio os ovos cozidos e disponha por cima, amassando com um garfo, se quiser. Pique bem a pimenta (quantas tiver coragem de comer!) e jogue por cima. Regue com um pouco de azeite extravirgem e tempere do alto com sal marinho e pimenta-do-reino.

CALORIAS	GORDURA	GORDURA SATURADA	PROTEÍNA	CARBOIDRATOS	AÇÚCAR	SAL	FIBRAS
524 kcal	24,6 g	7,6 g	24,4 g	55,6 g	17,9 g	2 g	1,5 g

ARROZ COM OVO COREANO

SERVE 2 | 22 MINUTOS NO TOTAL

1 colher (sopa) cheia de gergelim branco

150 g de arroz basmati

150 g de kimchi

4 ramos de coentro fresco

4 ovos grandes

Toste o gergelim em uma frigideira antiaderente e seca de 26 cm em fogo médio. Quando estiver levemente dourado, transfira para um prato, reduzindo o fogo para médio-baixo. Coloque o arroz em uma panela com uma pitada pequena de sal marinho e despeje 400 ml de água. Tampe e cozinhe por 10 minutos ou até o arroz ter absorvido todo o líquido.

Pique bem o kimchi com metade das folhas de coentro, junte os ovos, batendo, então despeje sobre o arroz, espalhando homogeneamente com uma espátula. Tampe e deixe no fogo por mais 5 a 10 minutos ou até os ovos estarem cozidos.

Solte as bordas com a espátula e transfira para um prato — gosto de dobrar ao meio para deixar a parte de baixo à mostra. Polvilhe com o gergelim tostado e o restante das folhas de coentro e sirva a seguir.

CALORIAS	GORDURA	GORDURA SATURADA	PROTEÍNA	CARBOIDRATOS	AÇÚCAR	SAL	FIBRAS
477 kcal	15,7 g	3,9 g	22,5 g	65,6 g	0,8 g	1,5 g	2,2 g

OVO FRITO ORIENTAL

SERVE 2 | 10 MINUTOS NO TOTAL

2 cebolinhas com bulbo

1 a 2 pimentas dedo-de-moça de cores variadas

2 colheres (sopa) cheias de gergelim branco e preto misturados

4 ovos grandes

2 colheres (sopa) de molho hoisin

Apare a cebolinha e corte em fatias finas na diagonal junto com as pimentas. Junte tudo em uma tigela com água gelada, acrescente um pouco de vinagre de vinho tinto e reserve.

Leve uma frigideira grande e antiaderente ao fogo médio-alto e toste levemente o gergelim por 1 minuto. Regue com 1 colher (sopa) de azeite e adicione os ovos. Tampe e frite até o ponto de que gostar.

Coloque os ovos nos pratos — gosto de deixar um para cima e outro para baixo. Do alto, regue com o molho hoisin (afinando com um pouco de água primeiro, se necessário). Escorra a cebolinha e a pimenta, polvilhe os ovos com elas e fure as gemas. Bom apetite!

CALORIAS	GORDURA	GORDURA SATURADA	PROTEÍNA	CARBOIDRATOS	AÇÚCAR	SAL	FIBRAS
350 kcal	27,9 g	5,9 g	17,6 g	8,3 g	7,4 g	1 g	1,7 g

OMELETE DE SIRI COM PIMENTA

SERVE 1 | 10 MINUTOS NO TOTAL

½ a 1 pimenta dedo-de-moça

75 g de carne de siri ou caranguejo

½ limão-siciliano

10 g de queijo duro, tal como cheddar inglês

2 ovos grandes

Descarte as sementes da pimenta e pique bem. Misture com a carne de siri, dê uma espremida de sumo de limão-siciliano e ponha um pouco de sal marinho e pimenta-do-reino. Rale o queijo. Bata bem os ovos.

Esquente uma frigideira antiaderente de 30 cm no fogo médio-alto, junte um pouco de azeite e espalhe com papel-toalha. Despeje os ovos, girando-os pela frigideira e passando pelas laterais. Trabalhando rapidamente, cubra os ovos com o queijo e o siri temperado, então desligue o fogo. Use uma espátula de silicone para soltar delicadamente das bordas e dobre depressa algumas vezes — você quer criar camadas, então a maneira como dobra e se a omelete quebra ou não pouco importa, só não deixe cozinhar demais. Vire a omelete em um prato, regue com um pouco de azeite extravirgem e devore.

CALORIAS	GORDURA	GORDURA SATURADA	PROTEÍNA	CARBOIDRATOS	AÇÚCAR	SAL	FIBRAS
300 kcal	19,1 g	6,6 g	30,6 g	2,8 g	0,9 g	2 g	0,5 g

FRITADA DE SALMÃO DEFUMADO

SERVE 2 | 13 MINUTOS NO TOTAL

125 g de salmão defumado à quente, sem pele

1 maço de cebolinha

4 ovos grandes

2 colheres (sopa) cheias de creme de leite fresco semidesnatado

40 g de queijo red leicester ou cheddar inglês

Preaqueça o broiler grill. Coloque uma frigideira antiaderente de 26 cm que possa ir ao forno em fogo médio-alto. Ponha o salmão na frigideira, quebrando-o quando começar a chiar. Apare e pique bem a cebolinha, então acrescente ao salmão com uma pitada de pimenta-do-reino. Deixe no fogo por 5 minutos, mexendo de vez em quando. Enquanto isso, em uma tigela grande, bata os ovos vigorosamente até dobrarem de tamanho.

Reduza o fogo para baixo, junte o creme de leite fresco e rale o queijo por cima. Despeje o conteúdo da frigideira na tigela com os ovos, mexa bem, então devolva à frigideira, inclinando-a e girando-a. Leve ao broiler grill por 5 minutos ou até dourar e cozinhar — fique de olho. Solte as beiradas com uma espátula, transfira para uma tábua, fatie e sirva.

CALORIAS	GORDURA	GORDURA SATURADA	PROTEÍNA	CARBOIDRATOS	AÇÚCAR	SAL	FIBRAS
420 kcal	29,4 g	11,8 g	36,8 g	3,7 g	3,1 g	2,1 g	0 g

CAFÉ DA MANHÃ MEXICANO PARA O DIA TODO

SERVE 2 | 15 MINUTOS NO TOTAL

1 a 2 pimentas dedo-de-moça de cores variadas

4 ovos grandes

1 lata de 400 g de feijão-preto cozido

1 avocado maduro

1 limão-taiti

Pique bem as pimentas (use quantas tiver coragem!). Transfira metade para uma frigideira antiaderente de 30 cm em fogo médio com 1 colher (chá) de azeite. Quando começar a chiar, quebre os ovos e acrescente o feijão-preto com um pouco de caldo por cima e em volta dos ovos. Tempere com sal marinho e pimenta-do-reino, tampe e cozinhe até o ponto de que gostar.

Enquanto isso, corte o avocado ao meio, remova o caroço e descasque. Corte em fatias finas, regue com sumo de limão e tempere a gosto. Espalhe o avocado pela frigideira, polvilhe com o restante da pimenta, fure as gemas e sirva.

CALORIAS	GORDURA	GORDURA SATURADA	PROTEÍNA	CARBOIDRATOS	AÇÚCAR	SAL	FIBRAS
381 kcal	24,8 g	5,8 g	23,8 g	11,1 g	1,2 g	0,9 g	12,1 g

SALADA COM OVOS E BRESAOLA

SERVE 2 | 15 MINUTOS NO TOTAL

50 g de bresaola fatiada

4 ovos grandes

2 chicórias de cores variadas

1 limão-siciliano

10 g de parmesão

Disponha as fatias de bresaola nos pratos. Bata bem os ovos. Leve uma frigideira antiaderente de 26 cm ao fogo médio, coloque um pouco de azeite e espalhe com papel-toalha. Despeje ovos o bastante apenas para cobrir a base da frigideira, inclinando-a e girando-a, e devolva qualquer excesso à tigela. É como uma panqueca de ovos. Quando tiver cozinhado, use uma espátula de silicone para soltar as laterais e transferir para uma tábua. Repita com o restante dos ovos. Deixe esfriar, enrole e fatie fino.

Apare e pique fino as chicórias. Regue com o sumo de limão-siciliano e ½ colher (sopa) de azeite extravirgem, misture com as tiras de ovos, prove e tempere a gosto com sal marinho e pimenta-do-reino. Empilhe no centro da bresaola, cubra com lascas de parmesão e finalize com um pouco de azeite extravirgem.

CALORIAS	GORDURA	GORDURA SATURADA	PROTEÍNA	CARBOIDRATOS	AÇÚCAR	SAL	FIBRAS
280 kcal	19,5 g	5,7 g	26,3 g	2,9 g	0,9 g	1,3 g	0 g

FRITADA DE COGUMELOS

SERVE 4 | 24 MINUTOS NO TOTAL

4 fatias de bacon defumado

400 g de cogumelos variados

8 ovos grandes

80 g de queijo duro, tal como cheddar inglês

50 g de rúcula

Preaqueça o forno a 200°C. Corte o bacon e frite em fogo médio por 2 minutos com 1 colher (chá) de azeite em uma frigideira antiaderente de 26 cm que possa ir ao forno. Acrescente os cogumelos, rasgando os maiores. Tempere com sal marinho e pimenta-do-reino e frite por 5 minutos ou até dourar, mexendo com frequência.

Bata os ovos levemente, despeje na frigideira e cubra com pedaços de queijo. Leve ao forno por 10 minutos ou até estar cozido. Solte as beiradas com uma espátula e transfira para uma tábua. Tempere a rúcula com um pouco de azeite extravirgem e vinagre de vinho tinto e distribua por cima.

CALORIAS	GORDURA	GORDURA SATURADA	PROTEÍNA	CARBOIDRATOS	AÇÚCAR	SAL	FIBRAS
299 kcal	23,5 g	8,7 g	22,9 g	0,4 g	0,2 g	1,5 g	1,3 g

FRANGO

FRANGO COM GERGELIM

SERVE 2 | 6 MINUTOS DE PREPARO | 40 MINUTOS DE COZIMENTO

1 colher (sopa) de gergelim branco

4 asas de frango grandes

2 colheres (sopa) de molho teriyaki

1 pimenta dedo-de-moça

2 cebolinhas com bulbo

Toste o gergelim em uma frigideira antiaderente e seca de 20 cm em fogo médio até dourar levemente, então transfira para um prato. Mantenha a frigideira no fogo e inclua as asas de frango — elas devem caber direitinho. Deixe que ganhem cor por 1 minuto de cada lado, acrescente o molho teriyaki e cubra as asas com água. Corte a pimenta ao meio no sentido do comprimento e junte à frigideira. Deixe em fervura baixa por 35 a 40 minutos ou até que o frango esteja macio e o molho esteja bonito e viscoso, virando de vez em quando.

Acrescente um pouco de vinagre de vinho tinto à frigideira e dê uma sacudida para soltar todos os pedacinhos de frango. Apare e pique fino a cebolinha, jogue por cima do frango com o gergelim tostado e coma.

CALORIAS	GORDURA	GORDURA SATURADA	PROTEÍNA	CARBOIDRATOS	AÇÚCAR	SAL	FIBRAS
306 kcal	18,6 g	4,9 g	27,1 g	7,4 g	6,2 g	1,4 g	0 g

FRANGO ASSADO COM CURRY

SERVE 4 | 10 MINUTOS DE PREPARO | 1 HORA DE COZIMENTO

800 g de batata

1 couve-flor pequena (600 g)

1 maço de coentro fresco (30 g)

1 frango inteiro (1,2 kg)

2 colheres (sopa) de pasta de curry tikka ou similar

Preaqueça o forno a 180°C. Lave as batatas e corte em pedaços de 3 cm. Apare o caule da couve-flor, remova as folhas externas mais duras, então pique a cabeça e as folhas mais tenras em pedaços de 3 cm. Fatie bem as hastes de coentro (reserve as folhas em uma tigela com água fria). Em uma assadeira de 30 cm x 40 cm, misture a couve-flor e as hastes de coentro com uma pitada de sal marinho e pimenta-do-reino, 1 colher (sopa) de azeite e 1 colher (sopa) de vinagre de vinho tinto.

Disponha o frango na assadeira e esfregue-o inteiro com a pasta de curry. Coloque o frango direto na grelha de cima do forno, junte todo o restante dos ingredientes na assadeira e deixe-a na grelha de baixo para recolher o sumo que soltar do frango. Asse por 1 hora ou até estar tudo dourado e cozido, virando os vegetais na metade do tempo. Deixe o frango descansando em cima dos vegetais por mais 5 minutos, então cubra com as folhas escorridas de coentro e misture os vegetais ao sumo suculento do frango antes de montar os pratos.

CALORIAS	GORDURA	GORDURA SATURADA	PROTEÍNA	CARBOIDRATOS	AÇÚCAR	SAL	FIBRAS
467 kcal	15,9 g	3,3 g	42,3 g	40,6 g	5,7 g	1,1 g	5,9 g

MACARRÃO COM FRANGO

SERVE 2 | 16 MINUTOS NO TOTAL

30 g de amendoim, sem pele e sem sal

2 filés de peito de frango (120 g cada), sem pele

2 colheres (sopa) de molho douchi

150 g de macarrão ninho

200 g de brócolis

Leve uma frigideira grande e antiaderente ao fogo médio e toste o amendoim enquanto ela aquece, mexendo com frequência, então reserve, deixando a panela no fogo. Enquanto isso, perfure os filés no sentido do comprimento em intervalos de 1 cm, indo mais ou menos até o meio do caminho. Em uma tigela, misture o frango com 1 colher (sopa) de azeite, 1 colher (sopa) de vinagre de vinho tinto e 1 colher (sopa) de molho douchi. Cozinhe na frigideira quente por 3 minutos de cada lado ou até escurecer e cozinhar.

Cozinhe o macarrão, de acordo com as instruções do pacote, em uma panela grande com água salgada fervente. Apare os brócolis (corte talos mais grossos ao meio no sentido do comprimento) e acrescente à água nos últimos 2 minutos. Transfira o frango para uma tábua. Use um pegador para transferir com cuidado para a frigideira o macarrão recém-cozido e os brócolis com um pouco de sua água. Amasse metade do amendoim em um pilão até ficar bem fino, junte à frigideira com o restante do molho douchi e misture bem, depois divida entre os pratos. Fatie o frango e coloque por cima, polvilhando com o restante do amendoim. Regue com um pouco de azeite extravirgem e sirva.

CALORIAS	GORDURA	GORDURA SATURADA	PROTEÍNA	CARBOIDRATOS	AÇÚCAR	SAL	FIBRAS
579 kcal	18,7 g	3,4 g	45,5 g	60,7 g	5,5 g	1,4 g	4,3 g

TORTA DE FRANGO NA PANELA

SERVE 4   30 MINUTOS NO TOTAL

2 cebolas

600 g de sobrecoxa de frango desossada e sem pele

350 g de cogumelos variados

1 maço de tomilho fresco (30 g)

375 g de massa folhada em pedaço (fria)

Preaqueça o forno a 220°C. Coloque uma frigideira antiaderente de 30 cm que possa ir ao forno em fogo alto e uma frigideira antiaderente menor em fogo médio ao lado. Despeje 1 colher (sopa) de azeite na frigideira maior. Descasque e pique grosseiramente a cebola e vá acrescentando-a. Pique grosseiramente 2/3 do frango, pique bem o restante e adicione também. Cozinhe por 6 minutos ou até dourar, mexendo de vez em quando. Enquanto isso, coloque os cogumelos na frigideira vazia, rasgando os maiores. Deixe tostar por 4 minutos, transfira para a frigideira do frango e inclua metade das folhas de tomilho.

Retire a frigideira do fogo, acrescente uma pitada de sal marinho e pimenta-do-reino, 1 colher (sopa) de vinagre de vinho tinto e 150 ml de água. Trabalhando rápido, abra a massa de modo que fique 2 cm maior que a frigideira, então cubra o recheio, usando uma colher de pau para grudá-la nas bordas. Faça um padrão leve cruzado na massa toda e pincele com 1 colher (chá) de azeite. Disponha o restante dos ramos de tomilho no centro. Asse na grelha de baixo do forno por mais 15 minutos ou até crescer e dourar. Fácil!

CALORIAS	GORDURA	GORDURA SATURADA	PROTEÍNA	CARBOIDRATOS	AÇÚCAR	SAL	FIBRAS
683 kcal	40,7 g	19,8 g	36,7 g	42 g	7,2 g	1,2 g	4,3 g

FRANGO COM MANTEIGA DE AMENDOIM

SERVE 2 | 12 MINUTOS NO TOTAL

2 filés de peito de frango (120 g cada), sem pele

2 limões-taiti

4 dentes de alho

2 colheres (sopa) cheias de manteiga de amendoim sem açúcar

1 a 2 pimentas dedo-de-moça

Preaqueça o broiler grill. Faça alguns cortes em X leves no frango com uma faca, esfregue com 1 colher (sopa) de azeite, uma pitada de sal marinho e pimenta-do-reino e raspas finas de 1 limão. Coloque os filés em uma frigideira antiaderente de 26 cm que possa ir ao forno, com os cortes em X para baixo, então leve ao fogo médio-alto, enquanto descasca e rala o alho em uma tigela. Acrescente o sumo de 1½ limão e a manteiga de amendoim, então afine esse molho com água de modo que ainda dê para pegar uma colherada. Pique bem a pimenta, adicione (quantas tiver coragem!) ao molho, prove e tempere a gosto.

Vire o frango, regue com o molho e transfira para o broiler grill, deixando por 5 minutos ou até tostar e estar cozido. Jogue o restante das raspas finas de limão e regue com 1 colher (chá) de azeite extravirgem. Sirva com cunhas de limão para espremer por cima.

CALORIAS	GORDURA	GORDURA SATURADA	PROTEÍNA	CARBOIDRATOS	AÇÚCAR	SAL	FIBRAS
405 kcal	25 g	4,6 g	38,6 g	6 g	1,8 g	0,9 g	1,8 g

105

FRANGO ASSADO COM HARISSA

SERVE 4 | 9 MINUTOS DE PREPARO | 50 MINUTOS DE COZIMENTO

4 pimentões de cores variadas

2 cebolas roxas

1 frango inteiro (1,2 kg)

4 colheres (chá) cheias de harissa rosa

4 ramos de hortelã fresca

Preaqueça o forno a 180°C. Descarte as sementes dos pimentões e rasgue-os em pedaços grandes, descasque e corte as cebolas em quartos, solte as camadas e coloque tudo em uma assadeira de 30 cm x 40 cm. Use uma faca grande e afiada para quebrar cuidadosamente o osso das costas do frango, de modo que ele fique aberto, então faça cortes nas sobrecoxas. Acrescente a harissa e um pouco de sal marinho, pimenta-do-reino e vinagre de vinho tinto. Misture bem, certificando-se de alcançar todos os cantinhos do frango.

Disponha o frango sobre a cama de vegetais, com a pele para cima, e asse tudo por 50 minutos ou até tostar e cozinhar. Finalize com as folhas de hortelã antes de servir.

CALORIAS	GORDURA	GORDURA SATURADA	PROTEÍNA	CARBOIDRATOS	AÇÚCAR	SAL	FIBRAS
297 kcal	11,4 g	2,7 g	35 g	13,9 g	12,2 g	0,9 g	5,8 g

FRANGO CROCANTE COM ALHO

SERVE 2 | 20 MINUTOS NO TOTAL

2 filés de peito de frango (120 g), sem pele

2 fatias grossas de pão integral multigrãos (75 g cada)

1 dente de alho

1 limão-siciliano

50 g de rúcula

Coloque os filés de frango entre duas folhas de papel-manteiga e achate com a base de uma frigideira grande e antiaderente até que fiquem com cerca de 1 cm de espessura. Bata o pão no processador de alimentos, junte o alho descascado e picado e bata até obter uma farinha. Passe o frango na farinha, dê uma batidinha de cada lado, volte a cobrir com o papel-manteiga e achate mais um pouco com a frigideira para que a farinha grude e o filé fique mais fino.

Leve a frigideira ao fogo médio. Frite o frango empanado em 1 colher (sopa) de azeite por 3 minutos de cada lado ou até ficar crocante, dourado e cozido. Fatie, emprate e tempere a gosto com sal marinho e pimenta-do-reino. Disponha a rúcula temperada com sumo de limão-siciliano ao lado e sirva com cunhas de limão-siciliano para espremer por cima.

CALORIAS	GORDURA	GORDURA SATURADA	PROTEÍNA	CARBOIDRATOS	AÇÚCAR	SAL	FIBRAS
366 kcal	11 g	2 g	36,6 g	32,1 g	2,4 g	1,1 g	5,8 g

SOPA DE FRANGO TAILANDESA

SERVE 6 | 10 MINUTOS DE PREPARO | 1H20MIN DE COZIMENTO

1 frango inteiro (1,6 kg)

1,2 kg de abóbora

1 maço de coentro fresco (30 g)

100 g de pasta de curry vermelho tailandês ou similar

400 ml de leite de coco light

Coloque o frango em uma panela grande e funda. Com cuidado, parta a abóbora ao meio no sentido do comprimento, então corte em pedaços de 3 cm, descartando as sementes. Pique as hastes de coentro, acrescente à panela com a abóbora, a pasta de curry e o leite de coco. Despeje 1 litro de água, tampe e cozinhe em fogo médio por 1h20min.

Use um pegador para transferir o frango para uma travessa. Escume qualquer gordura que juntar na superfície sobre o frango, depois salpique metade das folhas de coentro. Sirva com dois garfos para desfiar a carne à mesa. Use um espremedor de batata para esmagar parte da abóbora, dando à sopa uma textura mais espessa. Prove, tempere a gosto com sal marinho e pimenta-do-reino, divida entre seis tigelas e polvilhe com o restante do coentro. Acrescente o frango desfiado à sopa enquanto come.

CALORIAS	GORDURA	GORDURA SATURADA	PROTEÍNA	CARBOIDRATOS	AÇÚCAR	SAL	FIBRAS
354 kcal	16,1 g	5,8 g	32,8 g	20,5 g	11,8 g	0,9 g	4,8 g

FRANGO ADOCICADO

SERVE 2 | 8 MINUTOS DE PREPARO | 40 MINUTOS DE COZIMENTO

2 pedaços de coxa e sobrecoxa de frango (200 g cada)

1 cabeça de alho

250 g de uva sem semente de cores variadas

100 ml de vermute tinto

4 ramos de estragão fresco

Preaqueça o forno a 180°C. Coloque uma frigideira antiaderente que possa ir ao forno em fogo alto. Esfregue ½ colher (sopa) de azeite em todo o frango, tempere com sal marinho e pimenta-do-reino e disponha na frigideira com a pele para baixo. Frite por alguns minutos, até dourar. Amasse levemente os dentes de alho com casca com a palma da mão e junte à frigideira. Acrescente as uvas.

Vire o frango com a pele para cima, despeje o vermute, transfira para o forno e asse por 40 minutos ou até que esteja dourado e macio e o molho reduzido. Adicione um pouco de água à frigideira e sacuda um pouco para soltar o tostado. Finalize com o estragão e sirva.

CALORIAS	GORDURA	GORDURA SATURADA	PROTEÍNA	CARBOIDRATOS	AÇÚCAR	SAL	FIBRAS
440 kcal	22,2 g	5,6 g	28 g	25,8 g	22 g	0,8 g	1,6 g

FRANGO AO PESTO COM MASSA FOLHADA

SERVE 4 | 30 MINUTOS NO TOTAL

320 g de massa folhada em folhas (fria)

4 filés de peito de frango (120 g cada), sem pele

4 colheres (chá) cheias de pesto verde

400 g de tomate-cereja maduro, com ramas

400 g de vagem

Preaqueça o forno a 220°C. Desenrole a massa, corte ao meio no sentido do comprimento e depois cada parte em 8 tiras iguais. Achate o frango com o punho até ficar homogeneamente espesso. Coloque em uma assadeira, tempere com sal marinho e pimenta-do-reino, espalhe o pesto, então cubra cada filé de frango com 4 fatias de massa, deixando que se sobreponham e entrem um pouco por baixo nas beiradas. Pincele um pouco de azeite. Tempere levemente o tomate com azeite e sal e disponha em outra assadeira. Coloque a assadeira com o frango na grelha de cima do forno e a com o tomate na de baixo e asse por 20 minutos ou até a massa ficar dourada e o frango cozido.

Enquanto isso, apare a vagem e cozinhe em uma panela com água salgada fervente por 7 minutos ou até ficar macia. Transfira o frango para uma tábua com metade do tomate, amassando o restante na assadeira e descartando as ramas. Escorra e misture a vagem, prove e tempere a gosto. Faça fatias inclinadas de frango e sirva por cima da vagem, com os tomates inteiros.

CALORIAS	GORDURA	GORDURA SATURADA	PROTEÍNA	CARBOIDRATOS	AÇÚCAR	SAL	FIBRAS
618 kcal	34,8 g	18 g	36,3 g	40,4 g	7,1 g	1,7 g	4,9 g

FRANGO CREMOSO COM MOSTARDA

SERVE 2 | 20 MINUTOS NO TOTAL

200 g de cogumelos variados

1 cebola roxa

2 filés de peito de frango (120 g cada), sem pele

2 colheres (chá) de mostarda com grãos

60 ml de creme de leite light

Coloque uma frigideira antiaderente de 30 cm em fogo médio-alto. Leve os cogumelos à frigideira seca, rasgando os maiores. Deixe tostar, escurecer e amolecer, mexendo de vez em quando, enquanto descasca e corta a cebola roxa em fatias finas e o frango em tiras de 1 cm de espessura.

Quando os cogumelos estiverem prontos, acrescente a cebola e o frango à frigideira com 1 colher (sopa) de azeite. Cozinhe por 5 minutos, mexendo com frequência, e adicione a mostarda, o creme de leite e 150 ml de água. Deixe ferver, baixe o fogo até chegar à consistência de um molho ralo e o frango cozinhar. Prove, tempere a gosto com sal marinho e pimenta-do-reino e sirva.

CALORIAS	GORDURA	GORDURA SATURADA	PROTEÍNA	CARBOIDRATOS	AÇÚCAR	SAL	FIBRAS
304 kcal	16,1 g	5,4 g	32,8 g	7,6 g	5,6 g	0,5 g	2,5 g

FRANGO COM MOLHO ORIENTAL

SERVE 2 | 30 MINUTOS NO TOTAL

2 pedaços de coxa e sobrecoxa de frango (200 g cada)

8 cebolinhas com bulbo

1 a 2 pimentas dedo-de-moça de cores variadas

3 laranjas comuns ou sanguíneas

2 colheres (sopa) cheias de molho hoisin

Preaqueça o forno a 180°C. Coloque uma frigideira antiaderente que possa ir ao forno em fogo médio-alto e retire a pele do frango. Junte a pele e o frango na frigideira, tempere com sal marinho e pimenta-do-reino e deixe a gordura derreter e o frango dourar por 5 minutos, virando na metade do tempo, enquanto apara as cebolinhas e corta ao meio, reservando a parte verde. Jogue a parte branca na frigideira e leve ao forno por 15 minutos. Enquanto isso, descarte as sementes das pimentas, fatie as pimentas e a parte verde da cebolinha no sentido do comprimento e ponha tudo em uma tigela com água gelada para não murchar. Descasque a laranja, corte em rodelas finas e disponha nos pratos.

Retire a pele do frango e a cebolinha amolecida da frigideira e reserve. Deixe o restante no fogo por mais 10 minutos ou até que o frango esteja macio e cozido. Em uma tigela, dissolva o molho hoisin em um pouco de vinagre de vinho tinto e espalhe sobre o frango. Deixe no forno enquanto escorre e divide a salada. Disponha o frango e a cebolinha amolecida no topo e quebre a pele crocante por cima.

CALORIAS	GORDURA	GORDURA SATURADA	PROTEÍNA	CARBOIDRATOS	AÇÚCAR	SAL	FIBRAS
430 kcal	19,5 g	5,2 g	29 g	36,2 g	35 g	1,5 g	4 g

FRANGO ASSADO COM ERVAS

SERVE 2 | 8 MINUTOS DE PREPARO | 50 MINUTOS DE COZIMENTO

400 g de batata

2 pedaços de coxa e sobrecoxa de frango (200 g cada)

6 dentes de alho

2 ramos de alecrim fresco

1 limão-siciliano

Preaqueça o forno a 180°C. Esfregue a batata, faça rodelas de pouco menos de 0,5 cm de espessura e tempere em uma assadeira de 25 cm x 30 cm com o frango, ½ colher (sopa) de azeite e uma pitada de sal marinho e pimenta-do-reino. Amasse levemente os dentes de alho com a casca, acrescente e misture bem. Disponha a batata em uma camada mais ou menos homogênea. Coloque os pedaços de frango com a pele para cima diretamente sobre a grelha do forno e deixe a assadeira de batata logo abaixo. Asse por 40 minutos.

Em seguida, misture a batata com o sumo suculento da assadeira e disponha o frango por cima. Solte as folhas de alecrim dos ramos, faça tiras da casca do limão-siciliano com um descascador de legumes, misture ambos com 1 colher (chá) de azeite e espalhe pela assadeira. Esprema ½ limão-siciliano por cima e devolva ao forno por mais 10 minutos ou até o frango estar macio e bem dourado.

CALORIAS	GORDURA	GORDURA SATURADA	PROTEÍNA	CARBOIDRATOS	AÇÚCAR	SAL	FIBRAS
490 kcal	25,4 g	6 g	30,4 g	37,2 g	1,4 g	0,8 g	3,2 g

PEIXE

SALMÃO COM LINGUIÇA

SERVE 2 | 11 MINUTOS NO TOTAL

2 filés de salmão (150 g cada um), com pele, sem osso e sem espinhas

300 g de tomate-cereja maduro de cores variadas

4 ramos de manjericão fresco

8 azeitonas pretas (com caroço)

30 g de linguiça portuguesa

Coloque o salmão com a pele para cima em uma frigideira grande, antiaderente e fria e leve ao fogo médio-alto. Quando ela esquentar e o salmão começar a chiar (em cerca de 3 minutos), vire e cozinhe com a pele para baixo por 5 minutos ou até ficar bem crocante e levemente cozido (dependendo da grossura).

Enquanto isso, corte os tomates-cereja ao meio e rasgue a maior parte das folhas de manjericão. Misture tudo com 1 colher (sopa) de vinagre de vinho tinto e uma pitada de sal marinho e pimenta-do-reino. Amasse as azeitonas, descarte os caroços e pique-as bem. Misture com 1 colher (chá) de azeite extravirgem e um pouco de água.

Faça fatias finas de linguiça e acrescente à frigideira pelos últimos 2 minutos, inclua o tomate temperado e deixe por 30 segundos. Divida entre os pratos, com o salmão por cima. Finalize com as azeitonas temperadas e o restante do manjericão.

CALORIAS	GORDURA	GORDURA SATURADA	PROTEÍNA	CARBOIDRATOS	AÇÚCAR	SAL	FIBRAS
363 kcal	22,8 g	4,8 g	34,3 g	5,1 g	4,9 g	1,2 g	1,5 g

TORTA SIMPLES DE PEIXE

SERVE 4 | 28 MINUTOS NO TOTAL

400 g de hadoque branco defumado, sem pele

2 maços de cebolinha

250 g de espinafre baby

150 g de queijo duro, tal como cheddar inglês

4 folhas de massa filo

Preaqueça o forno a 200°C. Em uma tigela, cubra o peixe com água fervente e reserve. Enquanto isso, apare e pique grosseiramente a cebolinha. Em uma frigideira antiaderente de 30 cm que possa ir ao forno, junte a cebolinha e 1 colher (sopa) de azeite e leve ao fogo alto. Mexa e frite por 2 minutos. Adicione o espinafre por cima, deixe murchar e apague o fogo.

Despeje 100 ml da água do peixe sobre o espinafre. Escorra o peixe, quebrando-o e distribuindo-o uniformemente pela frigideira. Rale fino por cima a maior parte do queijo e tempere bem com pimenta-do-reino. Coloque a massa filo depressa por cima, prendendo-a ao peixe e às laterais da frigideira. Disponha a última folha de forma decorativa. Rale o que tiver sobrado de queijo por cima, regue com ½ colher (sopa) de azeite e asse por 15 a 17 minutos ou até dourar e ficar crocante. Bem fácil!

CALORIAS	GORDURA	GORDURA SATURADA	PROTEÍNA	CARBOIDRATOS	AÇÚCAR	SAL	FIBRAS
431 kcal	20,9 g	9,3 g	34,5 g	27,9 g	3,4 g	3,2 g	3,5 g

VIEIRAS GRELHADAS COM PURÊ

SERVE 2 | 18 MINUTOS NO TOTAL

400 g de batata

200 g de ervilha congelada

½ maço de hortelã fresca (15 g)

6 a 8 vieiras grandes cruas, com a concha removida

50 g de chouriço firme

Lave a batata, corte em pedaços de 3 cm e cozinhe em uma panela com água salgada fervente por 12 minutos ou até amolecer, acrescentando a ervilha nos últimos 3 minutos. Enquanto isso, separe e pique bem a maior parte das folhas de hortelã e reserve. Leve uma frigideira antiaderente ao fogo médio-alto. Quando estiver quente, adicione 1 colher (sopa) de azeite e o restante das folhas de hortelã para fritar por 1 minuto. Transfira as folhas para um prato, deixando o azeite na frigideira. Tempere as vieiras com sal marinho e pimenta-do-reino e frite por 2 minutos de cada lado ou até dourar. Despedace e acrescente o chouriço (descartando a tripa) para cozinhar junto.

Escorra a ervilha e a batata, devolva à panela e amasse bem com a hortelã picada e 1 colher (sopa) de azeite extravirgem. Prove e tempere a gosto. Sirva com as vieiras e o chouriço, regue com um fio de azeite extravirgem e decore com a hortelã crocante.

CALORIAS	GORDURA	GORDURA SATURADA	PROTEÍNA	CARBOIDRATOS	AÇÚCAR	SAL	FIBRAS
517 kcal	23,6 g	5 g	27,4 g	52 g	3,6 g	1,3 g	7,9 g

BOLINHO DE PEIXE ORIENTAL

RENDE 4 | 22 MINUTOS NO TOTAL

1 talo de capim-limão

1 pedaço de gengibre de 6 cm

½ maço de coentro fresco (15 g)

500 g de filé de salmão, sem pele e sem espinhas

4 colheres (chá) de geleia de pimenta

Bata o talo de capim-limão em sua superfície de trabalho e retire a camada externa mais dura. Descasque o gengibre, pique bem fino, junto com a parte interna do capim-limão e a maior parte do coentro, hastes e folhas, reservando as folhas mais bonitas em uma tigela com água fria. Corte o salmão em pedaços de 1 cm sobre a mistura na superfície de trabalho e reserve metade dele. Pique o restante bem fino, formando quase um purê, volte a misturar com os pedaços maiores e tempere com sal marinho e pimenta-do-reino. Divida em 4 porções, faça bolinhas e amasse em discos de 2 cm de espessura.

Leve uma frigideira grande e antiaderente ao fogo médio-alto com 1 colher (sopa) de azeite. Frite os bolinhos por 2 minutos de cada lado ou até dourarem bem. Espalhe a geleia de pimenta por cima, acrescente um pouco de água à frigideira, apague o fogo e sacuda para misturar. Finalize com o coentro escorrido.

CALORIAS	GORDURA	GORDURA SATURADA	PROTEÍNA	CARBOIDRATOS	AÇÚCAR	SAL	FIBRAS
277 kcal	17,2 g	2,9 g	25,7 g	4,8 g	3,8 g	0,7 g	0,1 g

LULA CROCANTE COM AVOCADO

SERVE 2 | 20 MINUTOS NO TOTAL

250 g de lula limpa

2 colheres (sopa) cheias de farinha de trigo integral

1 avocado maduro

2 limões-taiti

2 colheres (chá) de molho de pimenta picante

Despeje 1 cm de azeite em uma frigideira grande e antiaderente em fogo médio-alto e deixe esquentar — fique de olho. Enquanto isso, fatie a lula em anéis de 1 cm, empane bem com a farinha e uma pitada de sal marinho e pimenta-do-reino. Corte o avocado ao meio e descarte o caroço e transfira a polpa para uma tigela. Faça raspas finas de 1 limão, esprema o sumo e amasse com o avocado até ficar homogêneo. Prove, tempere a gosto e divida entre dois pratos.

Para testar se o azeite está quente o bastante, ponha com cuidado um pedaço de lula na frigideira — se chiar e dourar, está bom. Pedaço a pedaço, coloque o restante da lula no azeite quente e frite, virando com um pegador, até dourar por completo (trabalhe em levas, se precisar). Transfira para um prato forrado com papel-toalha para escorrer e disponha sobre o avocado. Regue com o molho de pimenta e um pouco de azeite extravirgem. Sirva com cunhas de limão.

CALORIAS	GORDURA	GORDURA SATURADA	PROTEÍNA	CARBOIDRATOS	AÇÚCAR	SAL	FIBRAS
473 kcal	29,3 g	5 g	25,4 g	28,7 g	1,8 g	1 g	3,7 g

ATUM COM CROSTA DE GERGELIM

SERVE 2 | 10 MINUTOS NO TOTAL

1 colher (sopa) cheia de missô em pasta

2 filés de atum (150 g cada, de preferência com 2 cm de espessura)

4 colheres (sopa) de gergelim branco

8 cebolinhas com bulbo

150 g de ervilha-torta

Leve uma frigideira grande e antiaderente ao fogo médio-alto. Esfregue o missô por todo o atum e empane no gergelim. Coloque na frigideira quente com 1 colher (sopa) de azeite e sele por 90 segundos de cada lado, para ficar dourado do lado de fora e vermelho no meio. Transfira para uma tábua para descansar. Limpe rapidamente a frigideira com papel-toalha e devolva ao fogo.

Apare a cebolinha e corte inclinado em pedaços do mesmo comprimento da ervilha-torta. Coloque ambas na frigideira quente com um pouco de vinagre de vinho tinto e uma pitada de sal marinho por 2 minutos para tostar levemente. Fatie o atum com gergelim e sirva sobre os vegetais, regando com 1 colher (chá) de azeite extravirgem.

CALORIAS	GORDURA	GORDURA SATURADA	PROTEÍNA	CARBOIDRATOS	AÇÚCAR	SAL	FIBRAS
450 kcal	27,4 g	5,1 g	43,9 g	7,5 g	4 g	1,1 g	3,3 g

CURRY DE PEIXE

SERVE 4 | 14 MINUTOS NO TOTAL

500 g de tomate-cereja maduro de cores variadas

500 g de filé de peixe branco, sem pele e sem espinhas

1 colher (sopa) cheia de pasta de curry korma ou similar

1 colher (sopa) de picles de limão-taiti

400 ml de leite de coco light

Coloque 1 colher (sopa) de azeite em uma panela grande e baixa em fogo alto. Corte os tomates ao meio e acrescente à panela com a pele para baixo. Deixe por 2 minutos sem mexer, enquanto corta o peixe em pedaços de 4 cm.

Adicione o peixe, a pasta de curry, o picles de limão e o leite de coco à panela. Deixe ferver e mantenha em fervura baixa por 6 minutos, tomando cuidado para o peixe não quebrar. Prove, tempere a gosto com sal marinho e pimenta-do-reino e sirva. Aproveite!

CALORIAS	GORDURA	GORDURA SATURADA	PROTEÍNA	CARBOIDRATOS	AÇÚCAR	SAL	FIBRAS
257 kcal	13,3 g	6 g	26,4 g	8,2 g	7 g	0,9 g	2,1 g

PEIXE BRANCO COM PELE CROCANTE

SERVE 2 | 20 MINUTOS NO TOTAL

½ pote de 280 g de coração de alcachofra em conserva

2 abobrinhas de cores variadas

1 maço de hortelã fresca (30 g)

2 filés de peixe branco (200 g cada), como linguado, com pele e sem escamas

1 a 2 pimentas dedo-de-moça de cores variadas

Preaqueça o broiler grill. Corte os corações de alcachofra ao meio no sentido do comprimento e leve ao fogo médio com 1 colher (sopa) do óleo da conserva em uma frigideira grande e antiaderente que possa ir ao forno. Corte as abobrinhas em quartos no sentido do comprimento, descarte o miolo e pique inclinado do mesmo tamanho que a alcachofra e adicione à frigideira. Cozinhe por 10 minutos, mexendo com frequência. Pique bem a metade superior da hortelã, onde estão as folhas, e coloque metade na frigideira com um pouco de água.

Esfregue os filés de peixe com um pouco de azeite, sal marinho e pimenta-do-reino, então disponha sobre os vegetais com a pele para cima. Leve a frigideira ao broiler grill por 7 a 10 minutos ou até que a pele esteja maravilhosamente crocante — fique de olho! Enquanto isso, pique bem a pimenta e misture com o restante da hortelã, 2 colheres (sopa) de vinagre de vinho tinto e 1 colher (sopa) de azeite extravirgem. Prove e tempere a gosto. Monte o prato com os vegetais e os filés, puxando metade da pele crocante para expor o peixe. Regue com o molho de hortelã e pimenta.

CALORIAS	GORDURA	GORDURA SATURADA	PROTEÍNA	CARBOIDRATOS	AÇÚCAR	SAL	FIBRAS
309 kcal	13,6 g	2 g	38,8 g	5,9 g	3,7 g	2,8 g	3,3 g

MARISCOS À CORNUALHA

SERVE 2 | 12 MINUTOS NO TOTAL

600 g de mariscos, esfregados e limpos

4 dentes de alho

1 maço de cebolinha fresca (30 g)

250 ml de sidra

50 g de clotted cream ou creme de leite fresco

Verifique os mariscos — se tiver algum aberto, dê um tapinha para que fechem. Se isso não acontecer, descarte. Descasque e corte o alho em fatias finas. Pique bem a cebolinha.

Leve uma panela grande e funda ao fogo alto. Despeje 1 colher (sopa) de azeite e acrescente o alho e a maior parte da cebolinha e, 1 minuto depois, a sidra. Deixe ferver, adicione os mariscos e o clotted cream, tampe e cozinhe por 3 a 4 minutos, sacudindo a panela de vez em quando. Quando todos os mariscos tiverem aberto e estiverem macios e suculentos é porque estão prontos. Se algum permanecer fechado, descarte.

Prove o molho e tempere a gosto com sal marinho e pimenta-do-reino. Disponha em uma travessa e finalize com o restante da cebolinha.

CALORIAS	GORDURA	GORDURA SATURADA	PROTEÍNA	CARBOIDRATOS	AÇÚCAR	SAL	FIBRAS
347 kcal	24,6 g	11,2 g	15,2 g	8,4 g	4,2 g	0,8 g	0,7 g

BACALHAU FRESCO COM PANCETTA DEFUMADA

SERVE 2 | 16 MINUTOS NO TOTAL

8 fatias de pancetta defumada

2 filés de bacalhau fresco (150 g cada), sem pele e sem espinhas

2 ramos de alecrim fresco

250 g de lentilha cozida

200 g de espinafre

Disponha 4 fatias de pancetta, uma ao lado da outra, sobrepondo-as levemente. Coloque um pedaço de bacalhau fresco em cima, tempere generosamente com pimenta-do-reino, enrole a pancetta em volta e repita com o outro pedaço de peixe e o restante de pancetta. Leve uma frigideira grande e antiaderente ao fogo médio e cozinhe por 8 minutos, virando de vez em quando. Acrescente o alecrim nos últimos 2 minutos.

Transfira o peixe para uma travessa. Jogue a lentilha na frigideira com 1 colher (sopa) de vinagre de vinho tinto e deixe aquecer de um lado para incorporar o sabor residual por 1 minuto, enquanto murcha rapidamente o espinafre com um pouco de água no outro lado da panela. Prove, tempere a gosto com sal marinho e pimenta-do-reino e divida entre os pratos. Disponha o bacalhau em cima da lentilha com o alecrim e regue com 1 colher (chá) de azeite extravirgem.

CALORIAS	GORDURA	GORDURA SATURADA	PROTEÍNA	CARBOIDRATOS	AÇÚCAR	SAL	FIBRAS
348 kcal	9,2 g	2,4 g	44,1 g	22,9 g	2 g	1,2 g	2,1 g

SALADA ORIENTAL DE ATUM

SERVE 2   10 MINUTOS NO TOTAL

200 g de rabanete, de preferência com folhas

2 colheres (chá) cheias de gengibre em conserva

2 colheres (chá) de shoyu light

250 g de edamame congelado

2 filés de atum (150 g cada, de preferência com 2 cm de espessura)

Pique bem 2 rabanetes e o gengibre em conserva, tempere com o shoyu, 1 colher (sopa) de azeite extravirgem e 2 colheres (chá) de água e reserve. Pique bem fino o restante do rabanete com as folhas.

Coloque o edamame em uma frigideira antiaderente em fogo alto, cubra com água fervente, deixe ferver por 2 minutos, então escorra. Devolva a panela ao fogo médio-alto. Esfregue o atum com 1 colher (chá) de azeite e uma pitada de sal marinho e pimenta-do-reino e sele por 90 segundos de cada lado, de modo que o meio fique vermelho.

Divida o edamame e o rabanete entre os pratos. Disponha cada filé de atum orgulhosamente por cima, regando todo o prato com a mistura de gengibre em conserva. Finalize com 1 colher (chá) de azeite extravirgem.

CALORIAS	GORDURA	GORDURA SATURADA	PROTEÍNA	CARBOIDRATOS	AÇÚCAR	SAL	FIBRAS
426 kcal	19,2 g	3,5 g	54 g	9,8 g	5 g	1,3 g	0,1 g

CAMARÃO COM CHUTNEY DE MANGA

SERVE 2 | 20 MINUTOS NO TOTAL

300 g de camarões jumbo com casca

6 dentes de alho

1 colher (chá) de curry em pó

1 colher (sopa) cheia de chutney de manga

1 limão-taiti

Descarte as patas, a cauda e a casca dos camarões, deixando a cabeça para dar sabor. Corra a ponta da faca pelas costas de cada camarão e extraia a tripa. Leve uma frigideira grande e antiaderente ao fogo médio. Descasque e fatie fino o alho, frite com 1 colher (sopa) de azeite até ficar crocante, retire e reserve, deixando o azeite.

Misture o curry ao azeite e acrescente os camarões. Frite por 4 minutos ou até que os camarões estejam cozidos, mexendo com frequência. Adicione o chutney de manga e cozinhe por 30 segundos. Prove, tempere a gosto com sal marinho e pimenta-do-reino e disponha em uma travessa. Polvilhe com o alho crocante e raspas finas de ½ limão. Sirva com cunhas de limão.

CALORIAS	GORDURA	GORDURA SATURADA	PROTEÍNA	CARBOIDRATOS	AÇÚCAR	SAL	FIBRAS
168 kcal	7,3 g	1,1 g	15,8 g	10,4 g	7,4 g	0,9 g	0,9 g

PEIXE NUMA PANELA SÓ

SERVE 4 | 15 MINUTOS NO TOTAL

300 g de arroz basmati branco

6 colheres (chá) cheias de tapenade de azeitona verde

350 g de tomate-cereja maduro de cores variadas

½ maço de manjericão fresco (15 g)

500 g de filé de peixe branco, sem pele e sem espinhas

Em uma panela grande e baixa em fogo alto, misture o arroz com 2 colheres (chá) cheias de tapenade e adicione 600 ml de água. Tampe e deixe ferver enquanto corta os tomates ao meio e os mistura em uma tigela com 1 colher (sopa) de azeite e 1 colher (sopa) de vinagre de vinho tinto. Prove, tempere a gosto com sal marinho e pimenta-do-reino e inclua a maior parte das folhas de manjericão.

Corte o peixe em quatro pedaços iguais e disponha na panela, misturando com o arroz. Cubra com o tomate temperado. Tampe e deixe ferver por 10 minutos ou até que o arroz esteja cozido. Tire a tampa e cozinhe por mais 2 minutos, até que todo o líquido tenha evaporado. Espalhe o restante da tapenade sobre o peixe, polvilhe com o restante das folhas de manjericão, regue levemente com azeite extravirgem e sirva.

CALORIAS	GORDURA	GORDURA SATURADA	PROTEÍNA	CARBOIDRATOS	AÇÚCAR	SAL	FIBRAS
484 kcal	12 g	1,7 g	31,2 g	66,7 g	3,8 g	1,2 g	2,7 g

ROBALO AO ESTILO TAILANDÊS

SERVE 2 | 19 MINUTOS NO TOTAL

4 cebolinhas com bulbo

½ maço de coentro fresco (15 g)

2 robalos inteiros (300 g cada), com pele e sem vísceras

2 colheres (sopa) de pasta de curry vermelho tailandês ou similar

1 limão-taiti

Apare e corte ao meio a cebolinha, desfie bem no sentido do comprimento e coloque em uma tigela com água gelada para não murchar. Separe as folhas de coentro e reserve as hastes.

Leve uma frigideira grande e antiaderente ao fogo médio-alto. Com uma faca afiada, faça cortes na pele do robalo a intervalos de 2 cm. Esfregue-o todo com a pasta de curry, por dentro e por fora, incluindo todos os cantos. Enfie as hastes do coentro nas cavidades, tempere com sal marinho e pimenta-do-reino e leve o peixe à frigideira quente com 1 colher (sopa) de azeite. Cozinhe por 3 a 4 minutos de cada lado ou até estar bem dourado e cozido (dependendo da grossura do peixe).

Escorra e sacuda a cebolinha e o coentro e disponha nos pratos. Coloque o robalo por cima, assim como qualquer sumo que tiver restado na frigideira e raspas do limão. Sirva com cunhas de limão.

CALORIAS	GORDURA	GORDURA SATURADA	PROTEÍNA	CARBOIDRATOS	AÇÚCAR	SAL	FIBRAS
410 kcal	28,1 g	4,8 g	37,4 g	2,1 g	1,2 g	1,5 g	0,2 g

SOPA APIMENTADA DE CAMARÃO

SERVE 4 | 20 MINUTOS NO TOTAL

250 g de camarões pequenos sem casca, pré-cozidos e congelados

150 g de arroz basmati

8 cebolinhas com bulbo

2 colheres (sopa) cheias de pasta de curry korma ou similar

400 ml de leite de coco light

Coloque os camarões em uma tigela com água fria para que comecem a descongelar. Enquanto isso, frite e toste o arroz por 3 minutos, sem azeite, em uma panela grande e baixa em fogo alto, mexendo com frequência, enquanto apara e pica fino a cebolinha. Acrescente 1 colher (sopa) de azeite, a cebolinha e a pasta de curry à panela. Mexa por 2 minutos e despeje o leite de coco e 1 litro de água. Ferva por 12 minutos, mexendo de vez em quando.

Faltando 6 minutos para ficar pronto, escorra os camarões, pique bem e acrescente à sopa. Quando o arroz estiver cozido e a sopa chegar à consistência desejada, prove e tempere a gosto com sal marinho e pimenta-do-reino e sirva.

CALORIAS	GORDURA	GORDURA SATURADA	PROTEÍNA	CARBOIDRATOS	AÇÚCAR	SAL	FIBRAS
321 kcal	13,1 g	6 g	16,1 g	36,2 g	3,9 g	1,2 g	2 g

VEGETAIS

BATATA E ALCACHOFRA AO FORNO

SERVE 6 | 9 MINUTOS DE PREPARO | 1H20MIN DE COZIMENTO

800 g de batata-bolinha

2 bulbos grandes de erva-doce

1 pote de 280 g de coração de alcachofra em conserva

50 g de parmesão

100 ml de creme de leite fresco

Preaqueça o forno a 200°C. Corte ao meio qualquer batata maior. Apare a erva-doce, separando as extremidades com folhas, fatie fino as pontas, divida o bulbo ao meio e corte em pedaços de 1 cm. Coloque tudo em uma assadeira de 30 cm x 35 cm, corte os corações de alcachofra ao meio e acrescente 2 colheres (sopa) do óleo da conserva, assim como uma boa pitada de pimenta-do-reino, depois misture tudo. Despeje 300 ml de água, cubra bem a assadeira com papel-alumínio e asse por 1 hora.

Em uma tigela, rale metade do parmesão, junte o creme de leite e afine com um pouco de água. Quando for a hora, retire a assadeira do forno, descarte o papel-alumínio, despeje a mistura cremosa e rale o restante do parmesão por cima. Asse por mais 20 minutos ou até estar cozido e dourado. Polvilhe com as folhas de erva-doce reservadas antes de servir.

CALORIAS	GORDURA	GORDURA SATURADA	PROTEÍNA	CARBOIDRATOS	AÇÚCAR	SAL	FIBRAS
258 kcal	14,6 g	7,6 g	7,3 g	24,7 g	4,1 g	1,3 g	6,3 g

COUVE-DE-BRUXELAS TOSTADA

SERVE 2 | 16 MINUTOS NO TOTAL

300 g de couve-de-bruxelas

2 dentes de alho

30 g de pistache sem sal e sem casca

1 romã

2 colheres (sopa) cheias de queijo cottage

Apare a couve-de-bruxelas, descarte quaisquer folhas exteriores mais feias, então corte ao meio. Disponha com o lado cortado para baixo em uma única camada em uma frigideira grande, antiaderente e seca em fogo alto, e toste por 5 minutos. Enquanto isso, descasque e corte o alho em fatias finas. Esmague o pistache em um pilão. Abra a romã, esprema o sumo de uma das metades em uma peneira sobre uma tigela, depois segure a outra metade com o lado cortado para baixo e bata nas costas dela com uma colher de modo que as sementes caiam. Junte o alho fatiado à couve-de-bruxelas com 1 colher (sopa) de azeite e um pouco de água e cozinhe por mais 1 minuto.

Divida o cottage entre os pratos, disponha a couve-de-bruxelas no topo, depois as sementes de romã e o pistache. Regue com o sumo de romã e 1 colher (sopa) de azeite extravirgem e polvilhe do alto com uma pitada de sal marinho e pimenta-do-reino e sirva. Fica delicioso.

CALORIAS	GORDURA	GORDURA SATURADA	PROTEÍNA	CARBOIDRATOS	AÇÚCAR	SAL	FIBRAS
327 kcal	25,2 g	4,8 g	12,8 g	13 g	9,4 g	0,7 g	1,1 g

COUVE-FLOR ASSADA INTEIRA APIMENTADA

SERVE 2-4 | 9 MINUTOS DE PREPARO | 1H25MIN DE COZIMENTO

1 couve-flor pequena (600 g)

2 colheres (chá) cheias de harissa rosa

2 colheres (sopa) cheias de iogurte natural

1 romã

1 colher (sopa) de tempero dukkah

Preaqueça o forno a 180°C. Descarte quaisquer folhas mais grossas da couve-flor e use uma faca afiada para fazer um X profundo no caule, mantendo-a inteira, para depois poder dividir facilmente em porções. Em uma tigela, misture a harissa, o iogurte, ½ colher (sopa) de vinagre de vinho tinto e um pouco de sal marinho e pimenta-do-reino e esfregue a mistura por toda a couve-flor. Coloque em uma frigideira que possa ir ao forno ou em uma assadeira pequena. Abra a romã e esprema o sumo de uma metade em uma peneira sobre a couve-flor. Acrescente 100 ml de água na base e asse por 1h15min.

Quando der o tempo, regue a couve-flor com o sumo do fundo e devolva ao forno por mais 10 minutos. Tire da assadeira, voltando a regar a couve-flor com os sumos, e cubra rapidamente com o dukkah, para que grude. Segurando a outra metade da romã com a parte cortada para baixo, bata nas costas dela com uma colher para que as sementes caiam sobre a couve-flor. Corte a couve-flor ao meio ou em quartos e sirva.

CALORIAS	GORDURA	GORDURA SATURADA	PROTEÍNA	CARBOIDRATOS	AÇÚCAR	SAL	FIBRAS
181 kcal	6,8 g	1,9 g	13,7 g	16,1 g	13,7 g	0,6 g	6,8 g

CURRY EXPRESSO DE ESPINAFRE

SERVE 2 | 16 MINUTOS NO TOTAL

20 g de castanha-de-caju sem sal

1 cebola

2 colheres (chá) de pasta de curry rogan josh ou similar

100 g de queijo Paneer ou ricota firme

200 g de espinafre baby

Leve uma frigideira grande e antiaderente ao fogo médio-alto e toste as castanhas-de-caju enquanto esquenta, sacudindo-a de vez em quando até dourar levemente. Transfira as castanhas para um pilão e devolva a frigideira ao fogo.

Descasque a cebola e corte em fatias finas. Leve-as à frigideira quente com 1 colher (sopa) de azeite e a pasta de curry e cozinhe mexendo por 8 minutos. Acrescente 1 colher (sopa) de vinagre de vinho tinto e deixe cozinhar por 30 segundos. Acrescente o queijo picado e o espinafre e mexa até o espinafre murchar e todo o líquido evaporar. Prove e tempere a gosto com sal marinho e pimenta-do-reino. Quebre as castanhas-de-caju e jogue por cima antes de servir. Huuum…

CALORIAS	GORDURA	GORDURA SATURADA	PROTEÍNA	CARBOIDRATOS	AÇÚCAR	SAL	FIBRAS
363 kcal	26,7 g	9,9 g	18,8 g	11,7 g	8,1 g	0,7 g	5,1 g

ASPARGOS E OVOS COM MOLHO

SERVE 2 | 15 MINUTOS NO TOTAL

½ cebola roxa pequena

4 ovos grandes

350 g de aspargos

½ maço de estragão fresco (15 g)

2 colheres (chá) cheias de mostarda de Dijon

Descasque e pique bem a cebola, coloque em uma tigela, cubra com 4 colheres (sopa) de vinagre de vinho tinto e acrescente uma boa pitada de sal marinho. Leve os ovos a uma panela com água fervente e deixe cozinhar por exatamente 5min30s. Apare a extremidade fibrosa dos aspargos, coloque em um escorredor sobre os ovos e tampe a panela para que cozinhem no vapor. Enquanto isso, separe as folhas de estragão.

Em uma tigela, bata a mostarda com 6 colheres (sopa) de azeite extravirgem, adicionadas gradualmente. Despeje o vinagre do molho da cebola usando uma peneira, batendo sempre. Prove e tempere a gosto com pimenta-do-reino.

Quando os ovos estiverem prontos, divida os aspargos entre os pratos. Resfrie os ovos em água fria até poder manipular, descasque, corte ao meio e disponha nos pratos, com as folhas de estragão e a cebola por cima. Regue cada prato com 1 colher (sopa) do molho (guarde o restante para outro dia) e tempere do alto com uma pitada de pimenta.

CALORIAS	GORDURA	GORDURA SATURADA	PROTEÍNA	CARBOIDRATOS	AÇÚCAR	SAL	FIBRAS
302 kcal	22,7 g	4,8 g	19,7 g	6 g	4,9 g	0,9 g	3,5 g

COGUMELOS ASSADOS AO ALHO

SERVE 2 | 30 MINUTOS NO TOTAL

4 dentes de alho

½ maço de sálvia fresca (15 g)

350 g de tomate-cereja maduro de cores variadas

4 cogumelos portobello ou, se não encontrar, shitake grandes

40 g de queijo duro, tal como cheddar inglês

Preaqueça o forno a 200°C. Descasque e fatie fino o alho. Separe as folhas de sálvia. Corte os tomates-cereja ao meio. Descasque os cogumelos e reserve a pele. Coloque tudo (incluindo a pele dos cogumelos) em uma assadeira de 25 cm x 30 cm e regue com 1 colher (sopa) de azeite e 1 colher (sopa) de vinagre de vinho tinto. Acrescente uma pitada de sal marinho e pimenta-do-reino e misture. Reserve 12 fatias de alho e folhas de sálvia perfeitos para usar depois e disponha os cogumelos com o talo para cima. Asse por 10 minutos.

Retire a assadeira do forno, esfarele o queijo nos "copinhos" de cogumelo e cubra com o alho e a sálvia reservados. Devolva ao forno por mais 15 minutos ou até o queijo derreter e tudo dourar.

CALORIAS	GORDURA	GORDURA SATURADA	PROTEÍNA	CARBOIDRATOS	AÇÚCAR	SAL	FIBRAS
211 kcal	15,2 g	5,8 g	10,1 g	8,9 g	5,9 g	0,9 g	3,4 g

NHOQUE RÚSTICO

SERVE 2 | 30 MINUTOS NO TOTAL

400 g de batata

350 g de aspargos

50 g de farinha de trigo

½ maço de tomilho fresco (15 g)

50 g de parmesão

Lave a batata, corte em pedaços de 3 cm e cozinhe em uma panela grande com água salgada fervente por 12 minutos ou até amolecer. Enquanto isso, apare as extremidades fibrosas dos aspargos e corte-os em pedaços de 1 cm de espessura, deixando as pontinhas inteiras.

Escorra a batata e deixe secar por 2 minutos, devolva à panela e amasse bem. Prove, tempere a gosto com sal marinho e pimenta-do-reino e vire em uma superfície de trabalho limpa. Encha a panela vazia com água fervente e leve ao fogo alto. Com as mãos, misture a farinha à batata e divida a massa em 24 bolinhas. Aperte cada uma na palma da mão para comprimir, transformando em nhoque, despeje na água fervente e deixe por 1 minuto ou até flutuar.

Enquanto isso, coloque os aspargos em uma frigideira grande e antiaderente em fogo médio-baixo com 1 colher (sopa) de azeite, mexendo de vez em quando. Inclua a maior parte das folhas de tomilho e use uma escumadeira para transferir o nhoque. Rale a maior parte do parmesão e misture bem, acrescentando 100 ml da água de cozimento da massa para emulsificar o molho. Prove, tempere a gosto e emprate. Rale o restante do parmesão por cima, polvilhe com o que sobrou do tomilho e finalize com um pouco de azeite extravirgem.

CALORIAS	GORDURA	GORDURA SATURADA	PROTEÍNA	CARBOIDRATOS	AÇÚCAR	SAL	FIBRAS
434 kcal	16 g	6 g	21,3 g	54,5 g	6 g	0,5 g	6,4 g

BETERRABA COM MEXERICA E QUEIJO DE CABRA

SERVE 4 | 27 MINUTOS NO TOTAL

600 g de beterraba baby, de preferência com folhas

4 mexericas

½ maço de estragão fresco (15 g)

100 g de queijo de cabra fresco

40 g de nozes sem sal

Reservando as folhas menores e mais bonitas, corte as beterrabas ao meio e cozinhe, com tampa, em uma panela com água salgada fervente por 15 a 20 minutos ou até amolecer. Enquanto isso, esprema o sumo de 1 mexerica em uma tigela grande com 1 colher (sopa) de azeite extravirgem e uma boa dose de vinagre de vinho tinto. Descasque o restante das mexericas, faça rodelas finas e disponha nos pratos.

Escorra as beterrabas e passe rapidamente na água fria até que dê para tirar a casca. Corte ao meio ou fatie algumas e misture todas com o molho. Prove e tempere a gosto com sal marinho e pimenta-do-reino. Misture o estragão e as folhas de beterraba reservadas. Divida entre os pratos, distribua o queijo de cabra e as nozes e regue com um pouco de azeite extravirgem.

CALORIAS	GORDURA	GORDURA SATURADA	PROTEÍNA	CARBOIDRATOS	AÇÚCAR	SAL	FIBRAS
263 kcal	18,1 g	5,9 g	9,8 g	16,1 g	14,9 g	0,6 g	3,7 g

SOPA DE PÃO E TOMATE

SERVE 4 | 21 MINUTOS NO TOTAL

4 dentes de alho

1 maço de manjericão fresco (30 g)

2 latas de 400 g cada de tomate sem pele

270 g de ciabatta

40 g de parmesão

Descasque e corte o alho em fatias finas. Coloque em uma panela grande em fogo médio com 1 colher (sopa) de azeite, mexendo com frequência. Separe as folhas menores do manjericão e reserve em uma tigela com água fria, levando o restante delas à panela. Antes que o alho comece a dourar, acrescente o tomate e 2 latas de água, tempere com sal marinho e pimenta-do-reino e deixe ferver, amassando levemente o tomate.

Rasgue o pão, adicione à panela e deixe ferver em fogo baixo por 5 minutos ou até engrossar. Rale o parmesão por cima, prove e tempere a gosto. Sirva em pratos ou tigelas, cobrindo com as folhas de manjericão reservadas e regue cada um com 1 colher (sopa) de um bom azeite extravirgem. Divino.

CALORIAS	GORDURA	GORDURA SATURADA	PROTEÍNA	CARBOIDRATOS	AÇÚCAR	SAL	FIBRAS
357 kcal	15,5 g	3,7 g	13,3 g	44 g	9,9 g	1,3 g	3,8 g

BATATA-DOCE CAJUN

SERVE 4 | 9 MINUTOS DE PREPARO | 1 HORA DE COZIMENTO

4 batatas-doces (250 g cada)

1 cabeça de alho

1 colher (chá) cheia de tempero cajun

200 ml de iogurte grego

4 cebolinhas com bulbo

Preaqueça o forno a 180°C. Lave e esfregue a batata-doce e faça rodelas de 3 cm de espessura. Coloque em uma assadeira de 25 cm x 30 cm com a cabeça de alho inteira, com casca, e misture com 1 colher (sopa) de azeite, 1 colher (sopa) de vinagre de vinho tinto, uma pitada de sal marinho e pimenta-do-reino e o tempero cajun. Disponha em uma camada e asse por 1 hora ou até amolecer, tostar e caramelizar.

Em seguida, esprema todo o alho cremoso, adocicado e assado para fora da pele e acrescente ao iogurte. Misture, prove e tempere a gosto. Apare e pique fino a cebolinha. Espalhe o iogurte em um prato ou travessa, coloque a batata-doce por cima, regue com ½ colher (sopa) de azeite extravirgem, cubra com a cebolinha e sirva.

CALORIAS	GORDURA	GORDURA SATURADA	PROTEÍNA	CARBOIDRATOS	AÇÚCAR	SAL	FIBRAS
346 kcal	10,6 g	4 g	6,6 g	59,7 g	18,6 g	1,1 g	0,1 g

ERVILHA, FAVA, HORTELÃ E PIMENTA

SERVE 2-4 | 10 MINUTOS NO TOTAL

½ maço de hortelã fresca (15 g)

200 g de favas congeladas ou frescas

200 g de ervilhas congeladas ou frescas

1 pimenta dedo-de-moça

1 limão-siciliano

Corte e reserve a metade superior da hortelã, com as folhas. Coloque as hastes em uma panela com água salgada fervente, junte a fava e a ervilha e cozinhe por 4 minutos. Enquanto isso, corte a pimenta ao meio e descarte as sementes. Pique bem, assim como a metade superior da hortelã. Coloque em uma tigela, acrescente raspas de limão-siciliano e esprema todo o sumo. Acrescente 2 colheres (sopa) de azeite extravirgem e misture. Prove e tempere a gosto com sal marinho e pimenta-do-reino.

Escorra a fava e a ervilha, reservando 1 xícara da água do cozimento e descartando as hastes de hortelã. Descarte a pele das favas maiores e transfira a fava e a ervilha para uma travessa, adicionando um pouco da água do cozimento reservada e o molho. Regue com mais 1 colher (sopa) de azeite extravirgem e misture antes de servir.

CALORIAS	GORDURA	GORDURA SATURADA	PROTEÍNA	CARBOIDRATOS	AÇÚCAR	SAL	FIBRAS
209 kcal	20,4 g	3,2 g	13,1 g	19,5 g	4,2 g	0,5 g	11,7 g

BERINJELA TERIYAKI

SERVE 2 | 20 MINUTOS NO TOTAL

1 berinjela grande (400 g)

4 cebolinhas com bulbo

1 pimenta dedo-de-moça

20 g de amendoim sem sal

2 colheres (sopa) de molho teriyaki

Leve uma frigideira antiaderente de 26 cm ao fogo alto e despeje 250 ml de água. Divida a berinjela ao meio no sentido do comprimento, risque algumas vezes a pele de cada metade com uma faca e coloque com a casca para cima na frigideira. Tempere com sal marinho e pimenta-do-reino, tampe e cozinhe por 10 minutos ou até secar e começa a chiar (note a mudança no som). Enquanto isso, apare a cebolinha. Corte a parte branca em pedaços inclinados de 3 cm e reserve. Descarte as sementes da pimenta e corte com a parte verde da cebolinha em fatias finas no sentido do comprimento. Coloque tudo em uma tigela com água gelada para não murchar e reserve.

Quando a berinjela começar a chiar, acrescente 1 colher (sopa) de azeite, a parte branca da cebolinha e o amendoim à frigideira, mexendo com frequência. Depois de 2 minutos, acrescente um pouco de água e o molho teriyaki e reduza o fogo a médio. Vire a berinjela, sacuda a frigideira e deixe engrossar por alguns minutos. Sirva com a cebolinha verde e a pimenta escorridas por cima.

CALORIAS	GORDURA	GORDURA SATURADA	PROTEÍNA	CARBOIDRATOS	AÇÚCAR	SAL	FIBRAS
181 kcal	12 g	2 g	5,2 g	13,3 g	11,1 g	1,4 g	0 g

179

CARNE BOVINA

BIFE-ANCHO ÉPICO

SERVE 4 | 26 MINUTOS NO TOTAL

600 g de bife ancho (de preferência com 5 cm de espessura), sem gordura

4 ramos de alecrim fresco

4 dentes de alho

350 g de cogumelos variados

1 pote de 660 g de feijão-branco cozido

Leve uma frigideira grande e antiaderente ao fogo médio-alto. Esfregue uma pitada de sal marinho e pimenta-do-reino em toda a carne, depois sele de todos os lados por 10 minutos no total, para chegar a uma boa cor no exterior, deixando ao ponto para malpassado no meio ou como preferir. Vire sempre com um pegador.

Enquanto isso, solte as folhas de alecrim dos ramos, descasque e corte o alho em fatias finas e rasgue os cogumelos maiores. Quando estiver pronta, transfira a carne para um prato e cubra com papel-alumínio. Reduza o fogo a médio e toste o alecrim por 30 segundos. Acrescente o alho e os cogumelos e deixe por 8 minutos ou até dourar, mexendo com frequência. Adicione o feijão e seu caldo, mais 1 colher (sopa) de vinagre de vinho tinto e deixe cozinhar em fogo baixo por 5 minutos, depois tempere a gosto. Despeje o sumo que tiver escorrido da carne por cima dela. Fatie e sirva, finalizando com um pouco de azeite extravirgem, se quiser.

CALORIAS	GORDURA	GORDURA SATURADA	PROTEÍNA	CARBOIDRATOS	AÇÚCAR	SAL	FIBRAS
501 kcal	30,8 g	13,6 g	37,3 g	19,7 g	1,8 g	0,7 g	6,3 g

CONTRAFILÉ COM GENGIBRE

SERVE 2 | 16 MINUTOS NO TOTAL

300 g de contrafilé (de preferência com 1,5 cm de espessura)

1 pedaço de 4 cm de gengibre

1 colher (sopa) de missô

2 colheres (chá) de mel

2 pak chois, também conhecido como couve-chinesa (250 g)

Remova a gordura do contrafilé, pique-a bem e leve a uma frigideira antiaderente e fria. Coloque-a em fogo médio-alto enquanto descasca o gengibre e corta em palitos, acrescentando depois à frigideira. Corte o contrafilé em pedaços de 3 cm e misture com o missô até cobrir bem. Retire a gordura crocante e o gengibre e reserve. Adicione os pedaços de carne à panela e cozinhe por 4 minutos, mexendo com frequência. Junte o mel e 1 colher (sopa) de vinagre de vinho tinto. Mexa por mais 1 minuto, até a carne ficar brilhante e com caldo.

Enquanto isso, corte os pak chois ao meio e cozinhe em uma panela com água fervente por 1 minuto, de modo que continuem crocantes. Escorra bem e coloque em uma travessa. Disponha a carne por cima e regue com o sumo da panela. Finalize com a gordura e o gengibre crocantes reservados.

CALORIAS	GORDURA	GORDURA SATURADA	PROTEÍNA	CARBOIDRATOS	AÇÚCAR	SAL	FIBRAS
373 kcal	19,8 g	8,4 g	35,7 g	13,4 g	9,9 g	1,1 g	2,9 g

CONTRAFILÉ COM BERINJELA E TOMATE

SERVE 2 | 30 MINUTOS NO TOTAL

2 berinjelas grandes (800 g no total)

300 g de contrafilé (de preferência com 1,5 cm de espessura)

2 dentes de alho

300 g de tomate-cereja maduro de cores variadas

½ maço de manjericão fresco (15 g)

Faça alguns furinhos na berinjela e leve ao micro-ondas em uma tigela coberta por 10 minutos ou até amolecer. Enquanto isso, remova a gordura do contrafilé e leve-a a uma frigideira antiaderente e fria. Coloque em fogo médio-alto para derreter enquanto esquenta, movendo a frigideira para distribuir a gordura. Esfregue uma pitada de sal marinho e pimenta-do-reino na carne. Descasque e corte o alho em fatias finas e divida os tomates ao meio.

Sele o filé na frigideira quente por 2 minutos de cada lado para que fique ao ponto, ou como preferir. Transfira para um prato para descansar, descartando a gordura sólida. Adicione o alho à frigideira. Descarte o topo da berinjela, pique o restante e leve à frigideira com quaisquer sumos. Junte o tomate e deixe por 2 minutos. Acrescente a maior parte das folhas de manjericão e 1 colher (sopa) de vinagre de vinho tinto. Prove, tempere a gosto e coloque em uma travessa.

Fatie o filé e coloque por cima dos vegetais. Finalize com o restante do manjericão e 1 colher (chá) de azeite extravirgem e o sumo que a carne tiver liberado enquanto descansava.

CALORIAS	GORDURA	GORDURA SATURADA	PROTEÍNA	CARBOIDRATOS	AÇÚCAR	SAL	FIBRAS
386 kcal	22,1 g	9 g	36,5 g	11 g	9,5 g	0,8 g	1,9 g

FILÉ À ITALIANA

SERVE 2 | 10 MINUTOS NO TOTAL

1 colher (sopa) de pinoli

250 g de alcatra

2 colheres (chá) cheias de pesto verde

40 g de rúcula

15 g de parmesão

Leve uma frigideira grande e antiaderente ao fogo alto e toste o pinoli enquanto esquenta, mexendo com frequência. Retire quando dourar. Descarte a gordura do filé, pique-a bem e leve à frigideira para derreter e fritar enquanto tempera a carne com sal marinho e pimenta-do-reino. Coloque o filé entre duas folhas de papel-manteiga e passe um rolo por cima até ficar com 1 cm de espessura, amaciando-o. Tire e reserve a gordura crocante. Sele a carne na frigideira quente por 1 minuto de cada lado até dourar, mas mantendo o miolo vermelho. Transfira para uma tábua.

Espalhe o pesto em uma travessa. Corte o filé em fatias finas e inclinadas e emprate. Coloque a rúcula por cima, o pinoli e a gordura crocante reservada, se quiser. Misture o sumo que tiver escorrido da carne com 1 colher (sopa) de azeite extravirgem para regar. Finalize com lascas de parmesão antes de servir.

CALORIAS	GORDURA	GORDURA SATURADA	PROTEÍNA	CARBOIDRATOS	AÇÚCAR	SAL	FIBRAS
321 kcal	21,1 g	5,3 g	32,2 g	0,7 g	0,5 g	1 g	0,3 g

SANDUÍCHE DE ALMÔNDEGA

SERVE 4 | 21 MINUTOS NO TOTAL

400 g de carne moída magra

8 colheres (chá) cheias de pesto verde

1 lata de 400 g de tomate italiano em lata

125 g de mozarela de búfala (bola)

4 pães de hambúrguer

Com as mãos limpas, misture a carne moída com metade do pesto e uma pitada de sal marinho e pimenta-do-reino. Divida em 12 e, com as mãos molhadas, molde almôndegas. Frite-as em uma frigideira antiaderente em fogo alto com 1 colher (sopa) de azeite, sacudindo com frequência.

Assim que estiverem douradas e tostadas, inclua o tomate, quebre-o com uma colher de pau e junte um quarto de lata de água. Deixe ferver, fatie a mozarela e disponha sobre as almôndegas. Tampe e deixe o molho engrossar por 5 minutos em fogo médio. Enquanto isso, aqueça os pães em uma frigideira antiaderente, quente e seca ou no forno em temperatura baixa.

Abra cada pão e espalhe 1 colher (chá) cheia de pesto dentro. Acrescente algumas almôndegas e mozarela com um pouco de molho, servindo o restante à parte.

CALORIAS	GORDURA	GORDURA SATURADA	PROTEÍNA	CARBOIDRATOS	AÇÚCAR	SAL	FIBRAS
495 kcal	24 g	8,5 g	35,5 g	35,5 g	5,8 g	2 g	2,4 g

SANDUÍCHE DE CARNE

SERVE 2 | 14 MINUTOS NO TOTAL

250 g de contrafilé (de preferência com 1,5 cm de espessura)

1 cebola grande

2 colheres (chá) de mostarda

4 fatias de pão (50 g cada)

50 g de queijo provolone ou fontina

Remova a gordura do contrafilé, pique-a bem e leve a uma frigideira grande, antiaderente e fria. Coloque-a em fogo médio-alto para derreter a gordura enquanto esquenta, movendo-a para cobrir todo o fundo. Descasque e fatie a cebola em rodelas de 1 cm de espessura. Acrescente à frigideira para grelhar por 10 minutos, virando na metade do tempo. Enquanto isso, coloque o filé entre duas folhas de papel-manteiga e achate com o punho até chegar a um pouco menos de 1 cm de espessura. Polvilhe com uma pitada de sal marinho e pimenta-do-reino, esfregue mostarda em todo o filé e corte-o em dois.

Adicione um pouco de vinagre de vinho tinto à cebola e mexa por 1 minuto no fogo. Divida entre duas fatias de pão, mantendo a frigideira no fogo. Sele a carne na frigideira pelando por apenas 40 segundos de cada lado, fatie o queijo e coloque por cima. Tampe, apague o fogo e deixe derreter por mais 40 segundos. Disponha a carne sobre a cebola, coloque as outras fatias de pão por cima, regue com um pouco de azeite extravirgem e devore.

CALORIAS	GORDURA	GORDURA SATURADA	PROTEÍNA	CARBOIDRATOS	AÇÚCAR	SAL	FIBRAS
635 kcal	25,5 g	12,6 g	42,3 g	59,4 g	8,5 g	2,9 g	3,4 g

ENSOPADO DE CARNE

SERVE 4 | 9 MINUTOS DE PREPARO | 2 HORAS DE COZIMENTO

4 pimentões de cores variadas

1 colher (chá) cheia de pimenta-da-jamaica

600 g de carne magra para ensopado

10 folhas frescas de louro

8 dentes de alho

Preaqueça o forno a 160°C. Coloque uma panela grande e baixa que possa ir ao forno em fogo alto. Descarte as sementes dos pimentões e pique-os. Leve à panela com 1 colher (sopa) de azeite, uma pitada de sal marinho e pimenta-do-reino e a pimenta-da-jamaica. Corte a carne em pedaços similares e inclua na panela com o louro. Esprema o alho com casca e frite por 2 minutos, mexendo com frequência.

Acrescente 2 colheres (sopa) de vinagre de vinho tinto e 500 ml de água à panela. Tampe e leve ao forno por 2 horas ou até a carne ficar escura e com caldo. Afine o molho com um pouco de água, se necessário, misture, prove e tempere a gosto.

CALORIAS	GORDURA	GORDURA SATURADA	PROTEÍNA	CARBOIDRATOS	AÇÚCAR	SAL	FIBRAS
264 kcal	9,2 g	2,8 g	36,2 g	9,8 g	6,8 g	0,8 g	3,6 g

CARPACCIO DE CARNE

SERVE 4 OU 8 | 12 MINUTOS NO TOTAL

500 g de filé-mignon em peça

300 g de rabanete, de preferência com as folhas

1 romã

2 limões-sicilianos em conserva (20 g cada)

1 colher (sopa) cheia de tempero dukkah

Esfregue toda a carne com ½ colher (sopa) de azeite e uma pitada de sal marinho e pimenta-do-reino. Leve uma frigideira antiaderente ao fogo alto e sele a carne de todos os lados por 3 minutos no total. Transfira para uma tábua.

Faça rodelas finas de rabanete, reservando as folhas mais bonitas. Abra a romã e, segurando uma das metades com o lado cortado para baixo, bata nas costas com uma colher de modo que todas as sementes caiam em uma tigela. Esprema o sumo da outra metade em uma peneira sobre outra tigela. Divida os limões-sicilianos em conserva em quartos e descarte a parte branca e as sementes. Pique bem o restante e acrescente ao sumo de romã com 1 colher (sopa) de azeite extravirgem e 1 colher (sopa) de vinagre de vinho tinto. Prove e tempere a gosto.

Fatie o filé tão fino quanto possível e use a lateral da faca para achatar cada fatia. Divida entre os pratos, cobrindo com o rabanete e suas folhas, e regue com o molho. Polvilhe com o dukkah e as sementes de romã e finalize regando com azeite extravirgem.

CALORIAS	GORDURA	GORDURA SATURADA	PROTEÍNA	CARBOIDRATOS	AÇÚCAR	SAL	FIBRAS
265 kcal	15,2 g	5,6 g	27,3 g	4,3 g	3,6 g	1,1 g	0,8 g

CARNE COM MOLHO DE MOSTARDA

SERVE 6 | 8 MINUTOS DE PREPARO | 4 HORAS DE COZIMENTO

900 g de garrão dianteiro (canela bovina), sem osso (mas peça o osso também)

500 g de cenoura

2 cebolas

120 ml de molho inglês

2 colheres (chá) cheias de mostarda com grãos

Preaqueça o forno a 160°C. Coloque uma panela grande e baixa que possa ir ao forno em fogo alto e, ao lado, uma frigideira grande e antiaderente em fogo alto. Corte a carne em pedaços de 5 cm e tempere com uma quantidade generosa de pimenta-do-reino e uma pitada de sal marinho. Frite a seco na frigideira quente com o osso por 8 minutos.

Enquanto isso, lave e apare a cenoura, pique em pedaços de 5 cm e leve à panela com 1 colher (sopa) de azeite. Descasque e corte as cebolas em quartos, desfazendo os gomos já na panela e mexendo com frequência. Quando a carne começar a pegar cor, passe para a panela junto com o molho inglês e a mostarda, depois cubra com 800 ml de água fervente.

Tampe e leve ao forno por 4 horas ou até a carne estar se desmanchando de tão macia. Afine o molho com um pouco de água, se necessário. Prove, tempere a gosto e sirva.

CALORIAS	GORDURA	GORDURA SATURADA	PROTEÍNA	CARBOIDRATOS	AÇÚCAR	SAL	FIBRAS
348 kcal	18 g	6,4 g	34 g	13,4 g	11,8 g	1,5 g	1,6 g

FÍGADO, BACON E CEBOLA

SERVE 1 | 15 MINUTOS NO TOTAL

½ cebola roxa

2 ramos de sálvia fresca

1 fatia de pão (50 g)

1 fatia de bacon defumado

125 g de fígado de bezerro

Descasque e fatie fino a cebola roxa. Coloque em uma frigideira grande e antiaderente em fogo médio-alto com 1 colher (chá) de azeite. Reserve 2 folhas mais bonitas de sálvia, separe e pique bem o restante e adicione à frigideira. Cozinhe por 5 minutos, mexendo com frequência.

Empurre as cebolas para um lado, depois acrescente o pão e o bacon à panela. Assim que ficarem crocantes, vire ambos. Regue as cebolas douradas e amolecidas com um pouco de vinagre de vinho tinto, vire com um pegador e coloque-as em cima do pão para não grudar. Quando o bacon estiver dourado, coloque-o por cima das cebolas.

Tempere levemente o fígado e leve à frigideira para selar por apenas 1 minuto de cada lado, de modo que fique dourado do lado de fora e vermelho no meio. Acrescente as 2 folhas reservadas de sálvia e 1 colher (chá) de azeite para fritá-las e sirva a seguir.

CALORIAS	GORDURA	GORDURA SATURADA	PROTEÍNA	CARBOIDRATOS	AÇÚCAR	SAL	FIBRAS
362 kcal	13,1 g	3 g	29 g	32,2 g	5,9 g	1,1 g	2,5 g

CARNE APIMENTADA COM ARROZ DE COUVE-FLOR

SERVE 4 | 24 MINUTOS NO TOTAL

500 g de carne moída magra

1 couve-flor (800 g)

1 colher (chá) cheia de curry indonésio (rendang) em pó

1 maço de hortelã fresca (30 g)

400 ml de leite de coco light

Coloque a carne moída em uma panela grande e baixa com 1 colher (sopa) de azeite, solte-a e frite em fogo alto, mexendo com frequência. Descarte quaisquer folhas externas mais feias da couve-flor e junte o restante no processador de alimentos. Processe metade da couve-flor junto. Corte a outra metade em floretes e acrescente à panela da carne, juntando o que restar de caule ao processador. Inclua o curry em pó na panela e cozinhe por 10 minutos ou até ficar crocante, mexendo com frequência.

Enquanto isso, ponha metade das folhas de hortelã no processador. Adicione uma pitada de sal marinho e pimenta-do-reino e bata até processar bem. Transfira para uma tigela resistente ao calor, tampe e aqueça no micro-ondas em potência alta por 4 a 5 minutos. Reserve as folhas menores de hortelã e leve o restante à panela. Mexa bem e despeje o leite de coco e 200 ml de água. Deixe ferver e cozinhe em fogo baixo por 5 minutos. Prove, tempere a gosto e cubra com as folhas de hortelã. Misture o arroz de couve-flor e sirva como acompanhamento.

CALORIAS	GORDURA	GORDURA SATURADA	PROTEÍNA	CARBOIDRATOS	AÇÚCAR	SAL	FIBRAS
333 kcal	16 g	8,5 g	33,7 g	12,5 g	8,2 g	0,9 g	4,1 g

CARNE REFOGADA EXPRESSA

SERVE 2 | 16 MINUTOS NO TOTAL

4 dentes de alho

1 pedaço de 4 cm de gengibre

350 g de aspargos

2 pedaços de filé-mignon (125 g cada)

2 colheres (sopa) de molho douchi

Descasque e fatie fino o alho e o gengibre. Coloque em uma frigideira grande e antiaderente com 1 colher (sopa) de azeite e leve ao fogo médio, mexendo com frequência. Quando estiver crocante e levemente dourado, retire do fogo e reserve, deixando o azeite. Apare a extremidade fibrosa dos aspargos e acrescente o restante à frigideira. Tempere a carne com sal marinho e pimenta-do-reino, junte à frigideira e suba o fogo para alto. Cozinhe por apenas 3 minutos, virando algumas vezes.

Acrescente o molho douchi e 1 colher (sopa) de vinagre de vinho tinto e mantenha no fogo por mais 1 minuto — para carne ao ponto para malpassada (ou deixe no ponto que preferir). Fatie a carne, monte os pratos e finalize com o alho e o gengibre crocantes.

CALORIAS	GORDURA	GORDURA SATURADA	PROTEÍNA	CARBOIDRATOS	AÇÚCAR	SAL	FIBRAS
325 kcal	17,9 g	6 g	32,6 g	8,5 g	5,1 g	0,9 g	0,5 g

CARNE SUÍNA

HAMBÚRGUER SUÍNO DELICIOSO

SERVE 1 | 16 MINUTOS NO TOTAL

1 pera madura

50 g de uma mistura de espinafre, rúcula e agrião

150 g de carne de porco moída

1 pão de hambúrguer

30 g de gorgonzola

Fatie a pera no sentido do comprimento tão fino quanto puder. Misture com cuidado com as verduras, um pouco de azeite extravirgem, vinagre de vinho tinto e uma pitada de pimenta-do-reino. Com as mãos limpas, misture a carne moída com uma pitada de tempero. Molde hambúrgueres de 1 cm de espessura. Esfregue 1 colher (chá) de azeite e leve a uma frigideira grande e antiaderente em fogo alto por 2 minutos, enquanto corta o pão e tosta ao lado, tirando quando dourar.

Vire o hambúrguer e, depois de 2 minutos, ponha o queijo ao lado para derreter. Coloque o hambúrguer em cima do queijo amolecido, dê uma sacudida e transfira para a parte de baixo do pão. Acrescente a pera e a salada no pão, feche com a parte de cima, amasse e devore com o que tiver sobrado de salada como acompanhamento.

CALORIAS	GORDURA	GORDURA SATURADA	PROTEÍNA	CARBOIDRATOS	AÇÚCAR	SAL	FIBRAS
669 kcal	34,5 g	12,9 g	42,3 g	50,7 g	19,3 g	2,5 g	6,8 g

LINGUIÇA ASSADA COM MAÇÃ

SERVE 4 | 9 MINUTOS DE PREPARO | 35 MINUTOS DE COZIMENTO

2 cebolas roxas grandes

2 maçãs

4 pastinacas

12 linguiças finas

1 colher (sopa) de mel

Preaqueça o forno a 180°C. Coloque uma frigideira grande e antiaderente que possa ir ao forno em fogo médio-alto. Descasque as cebolas, corte em quartos e desfaça os gomos na frigideira, mexendo com frequência. Acrescente 1 colher (sopa) de azeite e uma pitada de sal marinho e pimenta-do-reino. Corte as maçãs em quartos e descarte o miolo, depois leve à frigideira. Com um descascador de legumes, faça tiras compridas de pastinaca. Inclua 1 colher (sopa) de vinagre de vinho tinto à frigideira e coloque as tiras de pastinaca sobre a maçã e a cebola.

Disponha as linguiças por cima, regue com 1 colher (sopa) de azeite e tempere do alto com uma pitada de pimenta-do-reino. Asse por 30 minutos, regue com o mel e devolva ao forno por mais 5 minutos ou até dourar.

CALORIAS	GORDURA	GORDURA SATURADA	PROTEÍNA	CARBOIDRATOS	AÇÚCAR	SAL	FIBRAS
489 kcal	28,8 g	7,9 g	22,4 g	36,4 g	24,8 g	1,8 g	10,6 g

PORCO COM BATATA GRATINADA

SERVE 4 | 30 MINUTOS NO TOTAL

800 g de batata

400 g de lombo suíno

2 ramos de sálvia fresca

40 g de queijo duro, tal como cheddar inglês

4 fatias de presunto cru

Preaqueça o broiler grill. Lave a batata, corte em pedaços de 3 cm e cozinhe em uma panela grande com água salgada fervente com tampa por 12 minutos ou até amolecer. Enquanto isso, leve uma panela baixa e que possa ir ao forno ao fogo alto. Tempere o porco com sal marinho e pimenta-do-reino, leve à panela com 1 colher (sopa) de azeite e sele por 3 minutos, virando sempre, enquanto separa as folhas de sálvia. Transfira o lombo para um prato. Junte as folhas de sálvia à gordura da panela, deixando apenas 5 segundos. Coloque em um prato e retire a panela do fogo.

Escorra a batata, transfira para a panela e rale metade do queijo por cima. Acrescente 1 colher (sopa) de azeite extravirgem e amasse bem, adicionando um pouco de água, se necessário. Prove, tempere a gosto e distribua pelas beiradas da panela. Rale o restante do queijo, coloque o lombo no meio e gratine no broiler grill por 10 minutos. Disponha o presunto cru dobrado em volta do porco, cobrindo com a sálvia crocante, e gratine por 2 minutos mais ou até a carne chegar ao ponto de que gosta. Deixe descansar por 2 minutos, fatie o lombo e sirva.

CALORIAS	GORDURA	GORDURA SATURADA	PROTEÍNA	CARBOIDRATOS	AÇÚCAR	SAL	FIBRAS
420 kcal	18,4 g	5,9 g	31 g	34,7 g	1,2 g	1,3 g	2,6 g

PORCO À MILANESA

SERVE 1 | 16 MINUTOS NO TOTAL

1 fatia de pão de azeitona (50 g)

4 ramos de orégano fresco

125 g de filé-mignon suíno

100 g de tomate-cereja maduro de cores variadas

10 g de queijo feta

Bata o pão no processador de alimentos com metade das folhas de orégano. Coloque o porco entre duas folhas de papel-manteiga e passe um rolo por cima até chegar a 0,5 cm de espessura. Empane dos dois lados e repita o processo. Leve uma frigideira grande e antiaderente ao fogo médio-alto. Quando estiver quente, adicione 1 colher (sopa) de azeite. Frite o bife empanado por 3 minutos de cada lado ou até ficar dourado-escuro.

Enquanto isso, corte os tomates ao meio e separe o restante das folhas de orégano. Transfira o bife para um prato, limpe a frigideira com papel-toalha e acrescente o tomate e o restante do orégano com ½ colher (sopa) de azeite e 1 colher (sopa) de vinagre de vinho tinto. Mexa por 1 minuto, prove e tempere a gosto com sal marinho e pimenta-do-reino. Finalize com o feta em pedaços por cima.

CALORIAS	GORDURA	GORDURA SATURADA	PROTEÍNA	CARBOIDRATOS	AÇÚCAR	SAL	FIBRAS
540 kcal	28,5 g	5,6 g	43,8 g	26 g	4,9 g	1,4 g	4,2 g

COSTELETA DE PORCO COM PÊSSEGO EM CALDA

SERVE 2 | 28 MINUTOS NO TOTAL

2 costeletas de porco (250 g cada), com a pele

4 dentes de alho

2 ramos de alecrim fresco

1 lata de 410 g de pêssego em calda

50 ml de bourbon

Preaqueça o broiler grill. Retire a pele das costeletas, faça marcas nela em X com a faca do lado da gordura e disponha com o lado da pele para cima em uma assadeira. Leve ao broiler grill por 5 minutos ou mais, para deixar crocante — fique de olho. Tempere as costeletas com sal marinho e pimenta-do-reino e faça marcas em X no restante da gordura, depois coloque tudo com a gordura para baixo em uma frigideira grande, antiaderente e fria. Deixe em fogo alto por 3 a 4 minutos ou até dourar e a gordura escorrer, usando uma pinça para garantir o contato com a frigideira. Vire as costeletas com cuidado para cozinhar por 5 minutos de cada lado.

Enquanto isso, descasque e corte o alho em fatias finas. Separe as folhas de alecrim dos ramos. Transfira as costeletas para um prato, passe 90% da gordura da frigideira para um vidro para usar em outro dia e adicione o alho à frigideira. Mexa sempre até dourar e acrescente o alecrim e quatro metades de pêssego sem a calda, com o lado cortado para baixo. Sacuda no fogo até dourar e devolva as costeletas à frigideira. Acrescente o bourbon e, usando um fósforo, coloque fogo com cuidado (afaste-se!). Quando as chamas começarem a cessar, monte os pratos com a pururuca.

CALORIAS	GORDURA	GORDURA SATURADA	PROTEÍNA	CARBOIDRATOS	AÇÚCAR	SAL	FIBRAS
545 kcal	32,1 g	11,8 g	29,4 g	21,7 g	20 g	0,8 g	0,1 g

PORCO COM GRÃO-DE-BICO

SERVE 4 | 29 MINUTOS NO TOTAL

400 g de lombo suíno

1 pote de 480 g de pimentão sem casca em conserva

300 g de acelga colorida

1 colher (chá) cheia de semente de erva-doce

1 pote de 660 g de grão-de-bico cozido

Leve uma panela grande e baixa ao fogo alto. Tempere o lombo com sal marinho e pimenta-do-reino. Coloque na panela com 1 colher (sopa) de azeite e sele por 5 minutos, virando na metade do tempo. Enquanto isso, escorra os pimentões e pique em pedaços de 1 cm. Apare e pique fino o caule e as folhas da acelga.

Transfira o lombo para um prato e acrescente a semente de erva-doce, o pimentão e toda a acelga à gordura da panela. Frite por 2 minutos, despeje o grão-de-bico com sua água, mexa e deixe ferver. Volte o lombo à panela, deixando que encoste no fundo, despeje qualquer líquido que tenha soltado, tampe e cozinhe em fogo médio por 12 minutos ou até que a carne esteja assada por dentro e o cheiro esteja incrível, virando-a de vez em quando.

Deixe descansar por 2 minutos, fatie o porco, tempere o grão-de-bico a gosto, acrescente um pouco de vinagre de vinho tinto, regue com azeite extravirgem e sirva.

CALORIAS	GORDURA	GORDURA SATURADA	PROTEÍNA	CARBOIDRATOS	AÇÚCAR	SAL	FIBRAS
325 kcal	13,3 g	3,4 g	30,9 g	20,9 g	3,9 g	1 g	5,6 g

PALETA DE PORCO COM MOLHO TERIYAKI

SERVE 4 | 18 MINUTOS NO TOTAL

400 g de paleta de porco

400 g de cenoura míni

8 cebolinhas com bulbo

2 colheres (sopa) de molho teriyaki

2 colheres (sopa) de mel

Coloque uma panela grande e baixa em fogo alto. Corte o porco em pedaços de 3 cm e leve à panela com 1 colher (sopa) de azeite e uma pitada de sal marinho e pimenta-do-reino. Apare e adicione as cenouras (cortando as maiores ao meio) e cozinhe por 12 minutos ou até que tudo esteja dourado, mexendo com frequência. Enquanto isso, apare e fatie a cebolinha.

Acrescente um pouco de água à panela para deglaçar, então junte a cebolinha, o molho teriyaki e o mel. Cozinhe por mais 3 minutos, mexendo com frequência até ficar brilhante e com caldo. Prove, tempere a gosto e sirva.

CALORIAS	GORDURA	GORDURA SATURADA	PROTEÍNA	CARBOIDRATOS	AÇÚCAR	SAL	FIBRAS
332 kcal	20 g	5,9 g	19,2 g	20,1 g	19 g	1,3 g	3,9 g

ASSADO DE LINGUIÇA E PÃO

SERVE 4 | 10 MINUTOS DE PREPARO | 45 MINUTOS DE COZIMENTO

600 g de tomates-cereja maduros de cores variadas

4 dentes de alho

200 g de focaccia de alecrim

1 pote de 660 g de feijão-branco cozido

12 linguiças finas

Preaqueça o forno a 180°C. Divida os tomates ao meio, descasque o alho e corte em fatias finas e o pão em pedaços pequenos. Coloque tudo em uma assadeira de 30 cm x 35 cm, inclua o feijão com seu caldo e regue com 1 colher (sopa) de azeite e 1 colher (sopa) de vinagre de vinho tinto. Acrescente um pouco de água e misture tudo. Aperte o meio de cada linguiça e torça para criar duas menores. Distribua todas pela assadeira, pressionando-as levemente sobre o feijão e o tomate.

Asse por 45 minutos ou até tudo estar dourado, borbulhante e delicioso.

CALORIAS	GORDURA	GORDURA SATURADA	PROTEÍNA	CARBOIDRATOS	AÇÚCAR	SAL	FIBRAS
571 kcal	29 g	8 g	32,8 g	43,8 g	7 g	1,6 g	9,4 g

CORDEIRO

PALETA DE CORDEIRO MACIA

SERVE 8 | 10 MINUTOS DE PREPARO | 6 HORAS DE COZIMENTO

500 g de grão-de-bico seco

2 limões-sicilianos em conserva (20 g cada)

1 kg de tomate italiano maduro

1 paleta de cordeiro de 2 kg, com osso

2 colheres (chá) cheias de tempero ras el hanout

Despeje o grão-de-bico seco em uma assadeira de 30 cm x 40 cm. Divida os limões-sicilianos em quartos e descarte o miolo branco e as sementes. Pique bem o restante e acrescente à assadeira com um pouco do líquido da conserva. Corte o tomate grosseiramente e adicione também.

Regue o cordeiro com 1 colher (sopa) de azeite e esfregue o ras el hanout e uma pitada de sal marinho e pimenta-do-reino em todo ele. Coloque a carne na assadeira, despeje 1 litro de água, cubra bem com papel-alumínio e leve ao forno frio. Suba a temperatura a 170°C e deixe por 6 horas ou até que o grão-de-bico esteja cozido e o cordeiro desfie — depois de 3 horas, acrescente um pouco de água ao grão-de-bico, voltando a cobrir a assadeira com o papel-alumínio.

Antes de servir, prove o grão-de-bico, tempere a gosto e regue com 1 colher (sopa) de azeite extravirgem, então desfie o cordeiro com dois garfos.

CALORIAS	GORDURA	GORDURA SATURADA	PROTEÍNA	CARBOIDRATOS	AÇÚCAR	SAL	FIBRAS
522 kcal	26,7 g	10,2 g	37,4 g	35,3 g	5,8 g	0,7 g	1,1 g

KOFTA DE CORDEIRO

SERVE 2 | 15 MINUTOS NO TOTAL

250 g de carne moída de cordeiro

2 colheres (chá) de harissa rosa, e mais para servir

250 g de repolho roxo

2 tortilhas ou pães pita integrais

2 colheres (sopa) de queijo cottage

Coloque uma frigideira grill em fogo alto. Misture bem a carne e a harissa com as mãos limpas. Divida em 6 partes e molde quibes, deixando a superfície irregular para que toste ao cozinhar. Cozinhe por 4 a 5 minutos de cada lado ou até dourar e chiar.

Enquanto isso, fatie o repolho roxo tão fino quanto possível. Polvilhe com uma pitada de sal marinho e pimenta-do-reino, regue com 1 colher (sopa) de vinagre de vinho tinto e amasse para fazer um picles rápido.

Esquente as tortilhas, cubra com o repolho, depois o queijo cottage e os koftas. Regue com um pouco mais de harissa e pronto.

CALORIAS	GORDURA	GORDURA SATURADA	PROTEÍNA	CARBOIDRATOS	AÇÚCAR	SAL	FIBRAS
451 kcal	20 g	8,9 g	32,4 g	32,7 g	6,4 g	1,3 g	9 g

COZIDO DE CORDEIRO E BATATA

SERVE 4 | 10 MINUTOS DE PREPARO | 2 HORAS DE COZIMENTO

3 cebolas roxas

400 g de pescoço de cordeiro

6 colheres (chá) de molho de hortelã

4 colheres (chá) de pasta de umami (compre on-line ou em lojas especializadas)

500 g de batata

Preaqueça o forno a 170°C. Descasque e pique grosseiramente as cebolas, corte o cordeiro em pedaços de 3 cm, então divida ambos em quatro tigelinhas de 15 cm que possam ir ao forno, colocando-as sobre uma assadeira grande. Acrescente a cada tigela 1 colher (chá) de molho de hortelã, 1 colher (chá) de pasta de umami, 150 ml de água e uma pitada pequena de sal marinho e pimenta-do-reino. Mexa bem.

Lave e esfregue a batata e faça fatias com menos de 0,5 cm de espessura no processador de alimentos. Divida entre as tigelas, sobrepondo-as ligeiramente. Aperte a camada de batata para compactar, cubra com papel-alumínio e asse por 2 horas, tirando o papel-alumínio nos últimos 30 minutos. Regue com o restante do molho de hortelã e sirva.

CALORIAS	GORDURA	GORDURA SATURADA	PROTEÍNA	CARBOIDRATOS	AÇÚCAR	SAL	FIBRAS
383 kcal	18,4 g	8,4 g	22,6 g	33,4 g	10,4 g	1,2 g	4,4 g

CURRY DE CORDEIRO AROMÁTICO

SERVE 4 | 10 MINUTOS DE PREPARO | 1 HORA DE COZIMENTO

400 g de paleta de cordeiro, sem osso

2 cebolas grandes

2 berinjelas grandes (800 g no total)

2 colheres (sopa) de pasta de curry rogan josh ou similar

200 g de iogurte natural

Preaqueça o forno a 180°C. Coloque uma panela grande e baixa que possa ir ao forno em fogo alto. Corte o cordeiro em pedaços de 3 cm e ponha na panela com a gordura para baixo. Descasque as cebolas, pique a berinjela do mesmo tamanho que o cordeiro e acrescente tudo à panela. Tempere com sal marinho e pimenta-do-reino, adicione a pasta de curry e 1 colher (sopa) de vinagre de vinho tinto e leve ao forno por 1 hora ou até amolecer, mexendo na metade do tempo e afinando com um pouco de água, se necessário.

Prove o curry, tempere a gosto e regue com o iogurte e ½ colher (sopa) de azeite extravirgem. Polvilhe com bastante pimenta-do-reino e sirva.

CALORIAS	GORDURA	GORDURA SATURADA	PROTEÍNA	CARBOIDRATOS	AÇÚCAR	SAL	FIBRAS
375 kcal	24,8 g	10,3 g	23 g	15,9 g	13,5 g	1,1 g	2,6 g

PERNIL DE CORDEIRO COM CERVEJA E CEVADINHA

SERVE 4 | 8 MINUTOS DE PREPARO | 2H30MIN DE COZIMENTO

4 pernis de cordeiro (400 g cada)

2 alhos-porós

200 g de cevadinha

1 colher (sopa) de pasta de umami (compre on-line ou em lojas especializadas)

500 ml de sua cerveja tipo ale preferida

Preaqueça o forno a 170°C. Coloque uma panela grande que possa ir ao forno em fogo alto e frite a carne em 1 colher (sopa) de azeite. Enquanto isso, corte ao meio, lave e pique grosseiramente o alho-poró e acrescente à panela com a cevadinha, a pasta de umami e uma pitada de sal marinho e pimenta-do-reino. Mexa bem. Despeje a cerveja e 1 colher (sopa) de vinagre de vinho tinto e cubra com 1,2 litro de água.

Cozinhe no forno por 2h30min ou até amolecer. Superfácil!

CALORIAS	GORDURA	GORDURA SATURADA	PROTEÍNA	CARBOIDRATOS	AÇÚCAR	SAL	FIBRAS
783 kcal	35,2 g	12,8 g	65,6 g	48,8 g	6,2 g	1,5 g	0,1 g

CORDEIRO COM BATATA E ERVILHA

SERVE 2 | 24 MINUTOS NO TOTAL

400 g de batata-bolinha

200 g de ervilha congelada

200 g de picanha de cordeiro

4 ramos de manjericão fresco

1 colher (sopa) cheia de pesto verde ou de pimentão amarelo

Corte ao meio as batatas maiores e cozinhe em uma panela com água salgada fervente por 15 minutos ou até amolecer, acrescentando a ervilha nos últimos 3 minutos.

Enquanto isso, esfregue todo o cordeiro com 1 colher (chá) de azeite e uma pitada de sal marinho e pimenta-do-reino. Começando com o lado da gordura para baixo, sele o cordeiro em uma frigideira antiaderente em fogo médio-alto por 10 minutos, virando sempre até ficar tostado por fora e vermelho por dentro. Use seus instintos para chegar ao ponto de sua preferência. Transfira para um prato para descansar, leve a frigideira ao fogo baixo e adicione um pouco de água e um pouco de vinagre de vinho tinto para soltar o que tiver grudado, deixando ferver lentamente até precisar usar.

Escorra a batata e a ervilha e vire na frigideira. Inclua a maior parte das folhas de manjericão, acrescente o pesto e mexa bem. Sirva com o cordeiro cortado em fatias finas, regado com o sumo que tiver soltado, decore com o restante das folhas de manjericão e sirva.

CALORIAS	GORDURA	GORDURA SATURADA	PROTEÍNA	CARBOIDRATOS	AÇÚCAR	SAL	FIBRAS
554 kcal	24,5 g	9,1 g	40,4 g	45,6 g	4,9 g	1,1 g	7,8 g

ENSOPADO SUCULENTO DE CORDEIRO

SERVE 6 | 6 MINUTOS DE PREPARO | 2 HORAS DE COZIMENTO

½ maço de alecrim fresco (15 g)

800 g de paleta de cordeiro, sem osso

150 g de azeitonas de cores variadas (com caroço)

1 pote de 280 g de cebola em conserva

2 latas de 400 g cada de tomate italiano

Preaqueça o forno a 170°C. Coloque uma panela baixa de 30 cm que possa ir ao forno em fogo alto e acrescente as folhas de alecrim e 1 colher (sopa) de azeite. Deixe por 1 minuto, enquanto pica o cordeiro em pedaços de 3 cm. Retire o alecrim e reserve, então leve o cordeiro à panela por 2 minutos para ganhar cor. Enquanto isso, amasse as azeitonas e remova os caroços.

Escorra a cebola em conserva e acrescente à panela com a azeitona. Misture bem e despeje o tomate em lata, quebrando-o com uma colher de pau, e 2 latas (ou 800 ml) de água. Tampe e leve ao forno por 2 horas ou até engrossar e parecer delicioso e macio, mexendo na metade do tempo e afinando com um pouco de água, se necessário. Prove, tempere a gosto com sal marinho e pimenta-do-reino, cubra com as folhas de alecrim e sirva. Simples.

CALORIAS	GORDURA	GORDURA SATURADA	PROTEÍNA	CARBOIDRATOS	AÇÚCAR	SAL	FIBRAS
398 kcal	29,6 g	12,2 g	25,6 g	7,6 g	6,8 g	1,6 g	2,2 g

CARRÉ DE CORDEIRO COM MOLHO DE LARANJA

SERVE 2 | 15 MINUTOS NO TOTAL

6 carrés de cordeiro (600 g no total)

200 g de cenoura míni

8 dentes de alho

3 laranjas

½ maço de tomilho fresco (15 g)

Perfure a gordura dos carrés, tempere com sal marinho e pimenta-do-reino, então coloque todos alinhados verticalmente e com a gordura para baixo em uma panela grande e baixa em fogo médio-alto. Deixe por 5 minutos para a gordura derreter e ficar crocante. Apare as cenouras e acrescente-as à panela (cortando as maiores ao meio), junto com os dentes de alho com casca, mexendo sempre.

Vire os carrés de lado com cuidado, cozinhando por 2 minutos de cada lado ou até ficarem dourados, mas com o centro ainda vermelho. Enquanto isso, faça tiras da casca de 1 laranja. Coloque na panela com os ramos de tomilho, misture e deixe cozinhar por 30 segundos para dar sabor.

Transfira os carrés para um prato a fim de descansar e esprema as 3 laranjas sobre a panela. Deixe o sumo ferviher e reduzir até ficar espesso, então volte o cordeiro rapidamente, cubra-o com o molho e pronto!

CALORIAS	GORDURA	GORDURA SATURADA	PROTEÍNA	CARBOIDRATOS	AÇÚCAR	SAL	FIBRAS
571 kcal	36,2 g	14,7 g	26,5 g	36,7 g	32,1 g	0,8 g	8,5 g

ARROZ E NOODLES

ARROZ FRITO COM OVO

SERVE 2 | 10 MINUTOS NO TOTAL

6 cebolinhas com bulbo

250 g de arroz basmati integral cozido

2 colheres (chá) cheias de geleia de pimenta

2 ovos grandes

150 g de tofu soft

Leve uma frigideira grande e antiaderente ao fogo médio-alto. Apare e pique fino a cebolinha e frite com 1 colher (sopa) de azeite por 1 minuto. Acrescente o arroz, a geleia de pimenta, um pouco de água e uma pitada de sal marinho e pimenta-do-reino. Mexa por 2 minutos, até tudo estar bem misturado.

Afaste o arroz para as laterais da frigideira, abrindo um buraco no meio. Quebre os ovos ali, então use uma espátula de silicone para começar a mexer os ovos, criando uma grande coalhada. Esfarele o tofu e misture bem o arroz e o ovo. Prove e tempere a gosto. Unte levemente o interior de uma tigela e acrescente o arroz frito, compactando delicadamente com uma espátula. Vire em um prato para servir como antigamente.

CALORIAS	GORDURA	GORDURA SATURADA	PROTEÍNA	CARBOIDRATOS	AÇÚCAR	SAL	FIBRAS
395 kcal	17,1 g	3,6 g	18,2 g	44,8 g	8,1 g	0,7 g	2,1 g

MACARRÃO DE ARROZ COM FRANGO AGRIDOCE

SERVE 2 | 20 MINUTOS NO TOTAL

2 sobrecoxas de frango (200 g cada), com pele e osso

150 g de macarrão de arroz (bifum)

200 g de ervilha-torta

2 colheres (sopa) de molho inglês

2 colheres (chá) de geleia de pimenta

Retire a pele do frango e coloque-a em uma frigideira grande e antiaderente em fogo médio para derreter e dourar, virando de vez em quando. Extraia os ossos e acrescente à panela para dar sabor, então pique o frango em pedaços de 2 cm. Afaste a pele e os ossos para a lateral da frigideira, acrescente o frango e cozinhe por 5 minutos ou até dourar, mexendo de vez em quando. Quando estiver crocante, retire e pique o frango, reservando a pele e descartando os ossos.

Enquanto isso, cozinhe o macarrão em água salgada fervente, de acordo com as instruções do pacote. Corte a ervilha-torta ao meio no sentido do comprimento. Quando estiver pronto, escorra o macarrão, reservando 1 xícara da água do cozimento, então esfrie-o em água corrente. Use uma tesoura de cozinha para cortar o macarrão em segmentos de 8 cm.

Adicione o molho inglês e a geleia de pimenta à panela de frango e deixe a geleia derreter. Acrescente a ervilha-torta e o macarrão e deixe no fogo por 2 minutos, jogando um pouco da água reservada, se necessário. Prove e tempere a gosto com sal marinho e pimenta-do-reino. Sirva cobrindo com a pele crocante de frango reservada.

CALORIAS	GORDURA	GORDURA SATURADA	PROTEÍNA	CARBOIDRATOS	AÇÚCAR	SAL	FIBRAS
544 kcal	14,7 g	4,1 g	26,2 g	74,8 g	12,2 g	0,7 g	1,7 g

ARROZ AO FORNO COM AÇAFRÃO

SERVE 4 | 26 MINUTOS NO TOTAL

2 cebolas roxas

2 pitadas pequenas de açafrão

4 colheres (sopa) cheias de iogurte natural

4 colheres (sopa) de pasta de tomate seco

300 g de arroz basmati branco

Preaqueça o forno a 200°C. Descasque e pique bem as cebolas roxas. Coloque uma assadeira de 25 cm x 30 cm em fogo alto na boca do fogão, despeje 1 colher (sopa) de azeite, acrescente as cebolas e frite por 4 minutos ou até ficarem moles e adocicadas, mexendo com frequência. Enquanto isso, ponha metade do açafrão em 600 ml de água fervente. Em uma tigela, deixe o restante do açafrão em 1 colher (sopa) de água fervente por 10 segundos, misture com o iogurte e reserve.

Junte a pasta de tomate seco, o arroz e uma pitada de sal marinho e pimenta-do-reino na assadeira com a cebola, despeje a água com açafrão e deixe ferver. Em seguida, leve ao forno com cuidado e deixe por 15 minutos ou até o arroz ter absorvido todo o líquido e estar dourado e crocante no topo.

Espalhe o iogurte de açafrão por cima do arroz, regue tudo com 1 colher (sopa) de azeite extravirgem e misture bem antes de servir.

CALORIAS	GORDURA	GORDURA SATURADA	PROTEÍNA	CARBOIDRATOS	AÇÚCAR	SAL	FIBRAS
506 kcal	20,1 g	3,6 g	9,7 g	74,9 g	10,5 g	1,2 g	4,1 g

MACARRÃO DE ARROZ COM TAHINE PRETO

SERVE 2 | 13 MINUTOS NO TOTAL

150 g de macarrão de arroz (bifum)

2 limões-taiti

1 maço de agrião

50 g de gergelim preto

2 colheres (sopa) de molho teriyaki

Cozinhe o macarrão em água salgada fervente, de acordo com as instruções do pacote, então escorra, reservando 1 xícara da água do cozimento. Enquanto isso, faça raspas finas da casca de 1 limão, pique o agrião e reserve ambos. Toste o gergelim em uma frigideira antiaderente e seca em fogo alto por 1 minuto, mexendo com frequência. Reservando ¼ do gergelim, amasse bem o restante em um pilão, acrescente o molho teriyaki e o sumo de 1 limão. Prove, tempere a gosto com sal marinho e pimenta-do-reino e eis o tahine preto!

Misture o macarrão com o tahine, afinando o molho com um pouco da água do cozimento reservada. Cubra com as raspas de limão, o agrião e o gergelim reservados. Sirva com cunhas de limão para espremer por cima.

CALORIAS	GORDURA	GORDURA SATURADA	PROTEÍNA	CARBOIDRATOS	AÇÚCAR	SAL	FIBRAS
453 kcal	14,7 g	2,6 g	8,9 g	68,5 g	6,1 g	1,2 g	2,2 g

ARROZ COM LENTILHA PICANTE

SERVE 2-4 | 25 MINUTOS NO TOTAL

75 g de lentilha vermelha seca

2 cebolas

2 colheres (sopa) cheias de pasta de curry balti ou similar

200 g de couve-portuguesa

250 g de arroz basmati integral cozido

Cozinhe a lentilha em uma panela com água salgada fervente, de acordo com as instruções do pacote. Enquanto isso, descasque e fatie fino as cebolas, colocando-as em uma panela grande e baixa em fogo médio com ½ colher (sopa) de azeite e a pasta de curry. Cozinhe por 15 minutos ou até amolecer e dourar, mexendo com frequência. Acrescente a couve-portuguesa (descartando os talos mais duros), adicione um pouco da água do cozimento da lentilha, tampe e deixe por 2 minutos.

Escorra a lentilha e junte à panela com o arroz. Tampe de novo e deixe por mais 3 minutos. Misture tudo, prove, tempere a gosto com sal marinho e pimenta-do-reino e sirva. Delicioso.

CALORIAS	GORDURA	GORDURA SATURADA	PROTEÍNA	CARBOIDRATOS	AÇÚCAR	SAL	FIBRAS
502 kcal	14,8 g	1 g	19,9 g	76,9 g	16,3 g	1,5 g	7,9 g

MACARRÃO COM SHITAKE E GERGELIM

SERVE 2 | 13 MINUTOS NO TOTAL

400 g de shitake

150 g de talharim

3 dentes de alho

3 colheres (sopa) de gergelim branco

3 colheres (sopa) de molho de soja doce

Corte os cogumelos ao meio e toste em uma frigideira grande, antiaderente e seca em fogo médio-alto por 8 minutos ou até dourar, mexendo de vez em quando. Cozinhe o macarrão em uma panela com água salgada fervente, de acordo com as instruções do pacote, então escorra, reservando 1 xícara da água do cozimento. Descasque e corte o alho em fatias finas, acrescente à frigideira com os cogumelos junto com 1 colher (sopa) de azeite e cozinhe por mais 2 minutos, mexendo com frequência.

Amasse bem o gergelim em um pilão e adicione à panela junto com o macarrão, o molho de soja doce e a água do cozimento do macarrão até que tudo esteja coberto. Prove, tempere a gosto com sal marinho e pimenta-do-reino, se necessário, e sirva imediatamente.

CALORIAS	GORDURA	GORDURA SATURADA	PROTEÍNA	CARBOIDRATOS	AÇÚCAR	SAL	FIBRAS
562 kcal	17,3 g	3 g	15,8 g	90,5 g	11 g	1,5 g	0,6 g

ARROZ AO FORNO ITALIANO

SERVE 4 | 10 MINUTOS DE PREPARO | 40 MINUTOS DE COZIMENTO

2 cebolas

60 g de salame com erva-doce

300 g de arroz arborio

1 colher (sopa) cheia de queijo mascarpone

40 g de parmesão

Preaqueça o forno a 180°C. Coloque uma panela grande e baixa que possa ir ao forno em fogo alto. Descasque e corte as cebolas em quartos e desfaça os gomos já na panela. Grelhe por 4 minutos, mexendo com frequência. Reduza o fogo a médio e adicione 1 colher (sopa) de azeite, o salame fatiado e o arroz, seguido 1 minuto depois por 1,2 litro de água fervente e pelo mascarpone. Acrescente o parmesão ralado fino com uma pitada de sal marinho e pimenta-do-reino.

Leve a panela ao forno por 40 minutos ou até que o arroz tenha absorvido todo o líquido e esteja cozido. Regue com 1 colher (sopa) de azeite extravirgem e sirva, temperando a gosto na mesa.

CALORIAS	GORDURA	GORDURA SATURADA	PROTEÍNA	CARBOIDRATOS	AÇÚCAR	SAL	FIBRAS
503 kcal	20,2 g	8 g	13 g	71,7 g	6,3 g	1,2 g	3 g

MACARRÃO COM PRESUNTO E OVO

SERVE 2 | 10 MINUTOS NO TOTAL

150 g de talharim

4 cebolinhas com bulbo

100 g de presunto cozido

2 colheres (chá) de curry em pó

2 ovos grandes

Cozinhe o macarrão em uma panela com água salgada fervente, de acordo com as instruções do pacote, então escorra, reservando 1 xícara da água do cozimento. Enquanto isso, apare e pique fino a cebolinha, depois fatie fino o presunto.

Leve o presunto a uma frigideira antiaderente em fogo médio-alto com 1 colher (sopa) de azeite e o curry em pó. Enquanto doura, bata os ovos. Despeje na frigideira, mexendo com uma espátula de silicone até começarem a cozinhar. Acrescente o macarrão e a maior parte da cebolinha. Deixe no fogo por 2 minutos, prove e tempere a gosto com sal marinho e pimenta-do-reino, afinando com um pouco da água reservada do macarrão, se necessário. Monte os pratos, cobrindo com o restante da cebolinha e finalizando com 1 colher (chá) de azeite extravirgem.

CALORIAS	GORDURA	GORDURA SATURADA	PROTEÍNA	CARBOIDRATOS	AÇÚCAR	SAL	FIBRAS
561 kcal	26,7 g	5,8 g	28,4 g	55,8 g	1,8 g	2,7 g	0,6 g

ARROZ COM PAK CHOI

SERVE 2 | 15 MINUTOS NO TOTAL

150 g de arroz basmati branco

4 cebolinhas com bulbo

2 pimentas dedo-de-moça de cores variadas

2 pak chois, também conhecido como couve-chinesa (250 g)

2 colheres (sopa) de molho hoisin

Cozinhe o arroz em uma panela com água salgada fervente, de acordo com as instruções do pacote, então escorra. Enquanto isso, apare e pique fino a cebolinha, separando as rodelas brancas em uma tigela. Descarte as sementes das pimentas e pique-as bem. Acrescente à tigela com 1 colher (sopa) de vinagre de vinho tinto e um pouco de sal marinho e pimenta-do-reino. Misture bem, fazendo um molho.

Corte os pak chois ao meio no sentido do comprimento e disponha em uma frigideira grande e antiaderente em fogo médio-alto com 1 colher (sopa) de azeite. Quando estiverem grelhados, junte a parte verde da cebolinha e o molho hoisin. Deixe por 1 minuto, adicione o arroz e deixe mais 1 minuto. Cubra com o molho de pimenta e sirva.

CALORIAS	GORDURA	GORDURA SATURADA	PROTEÍNA	CARBOIDRATOS	AÇÚCAR	SAL	FIBRAS
378 kcal	7,3 g	1,1 g	8,5 g	73,3 g	9,3 g	1 g	2,9 g

DOCES

MUSSE DE CHOCOLATE COM CEREJA

SERVE 6 | 30 MINUTOS NO TOTAL

200 g de chocolate amargo (70%)

1 lata de 400 g de cereja-preta em calda

200 ml de creme de leite fresco

4 ovos grandes

2 colheres (sopa) de açúcar demerara

Derreta o chocolate em uma tigela resistente ao calor sobre uma panela com água fervendo levemente, retire e deixe esfriar por 10 minutos. Enquanto isso, leve as cerejas e sua calda a uma frigideira antiaderente em fogo médio até engrossar, então retire.

Bata o creme de leite até formar picos leves. Separe os ovos, acrescente as gemas e o açúcar ao creme de leite e misture. Acrescente uma pitada de sal marinho às claras e, com um fouet limpo, bata até ficar bem duro. Incorpore o chocolate frio ao creme e misture tudo com cuidado às claras com a espátula.

Divida a musse em seis taças ou tigelas, entremeada pelas cerejas com calda, e finalize com algumas cerejas mais bonitas por cima.

CALORIAS	GORDURA	GORDURA SATURADA	PROTEÍNA	CARBOIDRATOS	AÇÚCAR	SAL	FIBRAS
406 kcal	25,4 g	14,8 g	7,6 g	40 g	39,7 g	0,5 g	0,5 g

TORTA DE AMÊNDOA

SERVE 6 | 28 MINUTOS NO TOTAL

100 g de amêndoas branqueadas

1 colher (sopa) de creme de leite fresco, e mais para servir

75 g de açúcar de confeiteiro, e mais para polvilhar

2 ovos grandes

375 g de massa folhada em pedaço (fria)

Preaqueça o forno a 220°C. Forre uma assadeira com papel-manteiga. Bata as amêndoas em um processador de alimentos até formar uma farinha. Com o aparelho ainda ligado, acrescente o creme de leite, o açúcar de confeiteiro, 1 ovo e uma pitada de sal marinho. Pare e raspe a lateral do recipiente com a espátula, se necessário.

Divida a massa folhada ao meio, faça duas bolas e, polvilhando sempre com açúcar de confeiteiro para não grudar, abra com o rolo entre duas folhas de papel-manteiga até chegar a menos de 0,5 cm de espessura. Coloque um disco sobre a assadeira. Espalhe a pasta de amêndoa por cima, deixando uma margem de 2 cm nas beiradas. Disponha o outro disco de massa por cima e aperte com cuidado para grudar. Feche as beiradas com as costas de um garfo. Pincele ovo por cima e polvilhe com um pouco de açúcar.

Pressione o dedo com cuidado no centro da torta, então, com uma faca afiada, faça linhas delicadas até as beiradas. Asse na grelha de baixo do forno por 12 a 15 minutos ou até crescer e dourar, finalizando com um pouco de açúcar de confeiteiro antes de servir.

CALORIAS	GORDURA	GORDURA SATURADA	PROTEÍNA	CARBOIDRATOS	AÇÚCAR	SAL	FIBRAS
443 kcal	29,2 g	12,7 g	8,9 g	36,7 g	14,7 g	0,7 g	0,9 g

BISCOITOS CROCANTES DE MAÇÃ

RENDE 24 | 24 MINUTOS NO TOTAL

100 g de maçã desidratada

200 g de farinha com fermento

100 g de manteiga sem sal (fria)

100 g de açúcar demerara

1 ovo grande

Preaqueça o forno a 200°C. Forre duas assadeiras com papel-manteiga e unte com azeite. Bata a maçã em um processador de alimentos até estar finamente picada. Acrescente a farinha, a manteiga em cubos, o açúcar e uma pitada de sal marinho. Bata por 1 minuto até chegar a uma farinha. Retire 3 colheres (sopa) e reserve. Inclua o ovo até misturar, parando para limpar a lateral do recipiente, se necessário.

Divida em 24 pedaços, faça bolinhas e pressione levemente para formar discos de 4 cm, dispondo-os nas assadeiras. Cubra com a mistura reservada e pressione levemente. Asse por 8 a 10 minutos ou até dourar um pouco. Deixe esfriar de leve e transfira para uma grade de resfriamento. Huuuum...

CALORIAS	GORDURA	GORDURA SATURADA	PROTEÍNA	CARBOIDRATOS	AÇÚCAR	SAL	FIBRAS
89 kcal	3,8 g	2,2 g	1,1 g	13,1 g	6,9 g	0,2 g	0,7 g

BOLO DE FUBÁ, AMÊNDOA E LARANJA

SERVE 8-10 | 10 MINUTOS DE PREPARO | 50 MINUTOS PARA ASSAR + ESFRIAR

10 laranjas comuns ou sanguíneas

250 g de mel

3 ovos grandes

200 g de farinha de amêndoa

100 g de fubá

Preaqueça o forno a 160°C. Unte uma fôrma redonda de fundo removível de 20 cm com azeite, forre com papel-manteiga e unte-o também. Esprema 3 laranjas (cerca de 100 ml) em uma panela, acrescente 100 g de mel e deixe em fervura baixa até engrossar e reduzir, então tire do fogo e reserve.

Enquanto isso, com uma batedeira em velocidade alta, bata 200 ml de azeite com os 150 g restantes de mel por 2 minutos. Inclua os ovos e bata por 2 minutos, enquanto faz raspas finas de 3 laranjas e as acrescenta à mistura. Pare a batedeira, adicione a farinha de amêndoa, o fubá e o sumo de 1 ou 2 laranjas (cerca de 50 ml) e misture delicadamente até combinar. Despeje na fôrma preparada e asse por 40 a 50 minutos ou até estar dourado e assado. Deixe esfriar por 10 minutos na fôrma, passando uma faca afiada antes de desenformar — com cuidado.

Para servir, descasque e fatie o restante das laranjas e disponha ao lado do bolo, regando o xarope reservado antes de servir.

CALORIAS	GORDURA	GORDURA SATURADA	PROTEÍNA	CARBOIDRATOS	AÇÚCAR	SAL	FIBRAS
490 kcal	33,4 g	4,4 g	8,4 g	41,2 g	32,8 g	0,1 g	2 g

BISCOITOS DE CENTEIO E CHOCOLATE

RENDE 24 | 28 MINUTOS NO TOTAL

100 g de chocolate amargo (70%)

100 g de manteiga sem sal

100 g de pão de centeio

2 ovos grandes

50 g de açúcar demerara

Preaqueça o forno a 200°C. Forre duas assadeiras com papel-manteiga e unte com azeite. Derreta o chocolate em uma tigela resistente ao calor sobre uma panela com água fervendo levemente. Retire e inclua a manteiga, que deve derreter. Bata o pão em um processador de alimentos até chegar a uma farinha. Acrescente os ovos e o açúcar e bata mais. Com o aparelho ainda ligado, despeje a mistura de chocolate e bata até incorporar.

Transfira a mistura para um saco tipo zip grande, corte um canto e faça 24 bolinhas de 3-4 cm nas assadeiras preparadas. Deixe no forno por 8 a 10 minutos ou até assar. Polvilhe com sal marinho, espere esfriar um pouco e sirva.

CALORIAS	GORDURA	GORDURA SATURADA	PROTEÍNA	CARBOIDRATOS	AÇÚCAR	SAL	FIBRAS
76 kcal	5,2 g	3 g	1,2 g	6,8 g	4,9 g	0,2 g	0,2 g

PUDIM COM CALDA DE GELEIA

SERVE 6 | 17 MINUTOS NO TOTAL

375 g de geleia de laranja com pedaços

150 ml de creme de leite light, e mais para servir

2 ovos grandes

100 g de farinha com fermento

150 g de farinha de amêndoa

Unte seis ramequins com um pouco de azeite. Em uma tigela grande, bata 100 ml de azeite e 2 colheres (sopa) de geleia com o creme de leite e os ovos. Acrescente as duas farinhas e uma pitada de sal marinho e bata para misturar. Leve o restante da geleia a uma panela pequena com um pouco de água e deixe cozinhar em fogo médio-alto até engrossar e formar uma calda, então retire.

Divida a mistura do pudim entre os ramequins e leve em pares ao micro-ondas por 2min30s a 3 minutos em potência alta ou até inflarem. Regue com a calda da geleia e sirva com um pouco mais de creme de leite, se quiser.

CALORIAS	GORDURA	GORDURA SATURADA	PROTEÍNA	CARBOIDRATOS	AÇÚCAR	SAL	FIBRAS
596 kcal	37,6 g	7,1 g	10 g	58,3 g	45,3 g	0,3 g	0,9 g

SORVETE COM FAROFA DE GENGIBRE E UVA-PASSA FLAMBADA

SERVE 4 | 10 MINUTOS NO TOTAL

4 bolas grandes de sorvete de baunilha

60 g de uva-passa branca

60 g de uva-passa preta

6 biscoitos de gengibre

100 ml de rum escuro com especiarias

Tire o sorvete do congelador. Junte as uvas-passas e um pouco de água em uma panela em fogo médio por alguns minutos, para que inchem conforme a água evapora. Enquanto isso, esmague os biscoitos em um pilão e divida em quatro tigelas, acrescentando uma bola de sorvete a cada uma.

Quando toda a água tiver evaporado, cubra as uvas-passas com o rum e, com cuidado, ponha fogo com um fósforo, se quiser (então se afaste!). No momento em que as chamas começarem a se extinguir, despeje a mistura por cima do sorvete. Divino.

CALORIAS	GORDURA	GORDURA SATURADA	PROTEÍNA	CARBOIDRATOS	AÇÚCAR	SAL	FIBRAS
289 kcal	6,6 g	3,7 g	3 g	43,1 g	36,5 g	0,3 g	0,4 g

BISCOITOS AMANTEIGADOS COM CHOCOLATE E RASPAS DE LARANJA

RENDE 12   30 MINUTOS NO TOTAL

150 g de manteiga sem sal (em temperatura ambiente)

200 g de farinha de trigo

50 g de açúcar demerara, e mais para polvilhar

1 laranja

50 g de chocolate amargo (70%)

Preaqueça o forno a 190°C. Unte uma fôrma quadrada de 20 cm e forre com papel-manteiga. Em uma tigela, junte a manteiga, a farinha, o açúcar e raspas finas de ½ laranja. Misture esfregando tudo com a ponta dos dedos. Transforme em uma massa agrupando e achatando com a palma da mão, sem sovar, e transfira para a fôrma em uma camada de 1 cm de espessura. Faça furos com o garfo e asse por 20 minutos ou até dourar levemente. Retire do forno, cubra com um pouco de açúcar quando ainda estiver quente e deixe esfriar.

Enquanto isso, derreta o chocolate em uma tigela resistente ao calor sobre uma panela com água fervendo levemente, então retire. Divida a massa assada em 12 biscoitos retangulares e transfira para uma grade de resfriamento. Regue com o chocolate e polvilhe com o restante de raspas finas de laranja. Corte a laranja e sirva como acompanhamento.

CALORIAS	GORDURA	GORDURA SATURADA	PROTEÍNA	CARBOIDRATOS	AÇÚCAR	SAL	FIBRAS
188 kcal	11,6 g	7,3 g	1,9 g	20 g	7,3 g	0 g	0,6 g

PÊSSEGO COM SUSPIRO E AMÊNDOAS

SERVE 4 | 26 MINUTOS NO TOTAL

80 g de amêndoas laminadas

1 lata de 410 g de pêssegos em calda

4 bolas grandes de sorvete de baunilha

2 ovos grandes

100 g de açúcar demerara

Preaqueça o broiler grill em temperatura alta. Toste as amêndoas em uma assadeira enquanto esquenta, ficando de olho e removendo-as assim que dourarem levemente. Corte os pêssegos e divida entre quatro tigelas que possam ir ao forno, incluindo a calda. Sirva uma bola de sorvete em cada e leve ao congelador.

Separe os ovos. Coloque as claras na tigela da batedeira (guarde as gemas para outra receita), acrescente uma pitada de sal marinho e bata até formar picos duros (também dá para fazer com um mixer). Com o aparelho ainda ligado, adicione o açúcar aos poucos, até misturar. Transfira para um saco de confeiteiro (gosto de usar o bico de estrela) ou um saco tipo zip grande cuja ponta possa cortar.

Retire as tigelas do congelador e espalhe as amêndoas tostadas por cima. Coloque o chantili sobre o sorvete como preferir. Leve as tigelas ao broiler grill por apenas 2 minutos ou até dourar (geralmente trabalho com duas por vez, para manter o controle). Remova do broiler grill e sirva imediatamente.

CALORIAS	GORDURA	GORDURA SATURADA	PROTEÍNA	CARBOIDRATOS	AÇÚCAR	SAL	FIBRAS
386 kcal	18,4 g	4,3 g	10 g	48,6 g	48 g	0,7 g	0,1 g

TARTE TATIN DE AMEIXA

SERVE 6 | 24 MINUTOS NO TOTAL

600 g de ameixas maduras de cores variadas

1 colher (chá) de canela em pó

120 ml de xarope de Maple

320 g de massa folhada (fria)

6 bolas grandes de sorvete de baunilha

Preaqueça o forno a 220°C. Coloque uma frigideira antiaderente de 26 cm que possa ir ao forno em fogo médio. Corte as ameixas ao meio e tire o caroço, então leve à frigideira com 30 ml de água e cozinhe por 1 minuto. Do alto, polvilhe metade da canela e despeje uniformemente o xarope de Maple. Disponha a massa sobre as ameixas, usando uma colher de pau para fechá-la nas bordas, retirando o excesso e cobrindo eventuais buracos.

Asse na grelha de baixo do forno por 16 minutos ou até crescer e dourar. Usando luvas, vire a torta com cuidado e confiança em uma travessa grande. Finalize com bolas de sorvete, polvilhe do alto com o restante da canela e regue levemente com azeite extravirgem antes de servir.

CALORIAS	GORDURA	GORDURA SATURADA	PROTEÍNA	CARBOIDRATOS	AÇÚCAR	SAL	FIBRAS
392 kcal	18,7 g	11,8 g	4,8 g	52,3 g	32,8 g	0,3 g	1,2 g

CARPACCIO DE ABACAXI

SERVE 4 | 10 MINUTOS NO TOTAL

1 maço de hortelã fresca (30 g)

1 abacaxi maduro

100 g de blueberry

4 colheres (sopa) de iogurte grego de coco

1 limão-taiti

Reserve um punhado pequeno de folhas de hortelã e coloque o restante em um pilão. Esmague até virar uma pasta, acrescentando 1 a 2 colheres (sopa) de azeite extravirgem para fazer um óleo aromático. Retire as extremidades do abacaxi e descasque. Divida em quartos no sentido do comprimento, descartando o miolo, então faça fatias mais finas no mesmo sentido. Disponha em uma travessa grande ou reparta entre os pratos. Corte todos os blueberries ao meio e jogue por cima.

Misture parte do óleo de hortelã ao iogurte (guarde o que sobrar para outra receita) e espalhe sobre a fruta. Polvilhe raspas finas de limão e esprema-o por cima. Cubra com as folhas reservadas de hortelã bem picadinhas, depois regue com um pouquinho de azeite extravirgem (é isso mesmo — fica delicioso).

CALORIAS	GORDURA	GORDURA SATURADA	PROTEÍNA	CARBOIDRATOS	AÇÚCAR	SAL	FIBRAS
122 kcal	5,6 g	2,5 g	1,3 g	17,5 g	15,4 g	0 g	0,4 g

CHEESECAKE BANOFFEE CONGELADO

SERVE 10 | 18 MINUTOS DE PREPARO | 1 NOITE NO CONGELADOR

150 g de chocolate amargo (70%)

300 g de biscoitos de aveia

8 bananas bem maduras

500 g de cream cheese light

½ pote de 450 g de doce de leite

Unte o fundo de uma fôrma redonda de fundo removível de 20 cm com azeite e forre com papel-manteiga, untando-o também. Derreta 50 g de chocolate em uma tigela resistente ao calor sobre uma panela com água fervendo levemente, então retire. Coloque os biscoitos de aveia no processador de alimentos e bata com 2 colheres (sopa) de azeite extravirgem até misturar bem. Junte o chocolate derretido e bata mais. Faça uma camada de 1cm de espessura para cobrir a fôrma preparada.

Descasque as bananas e bata bem no processador com o cream cheese e o doce de leite, até ficar homogêneo. Despeje sobre a massa de biscoito e leve ao congelador durante a noite ou até quando for usar. Transfira para a geladeira por 2 horas antes de servir ou até chegar à consistência desejada.

Solte as beiradas com uma faca e desenforme. Faça raspas ou rale o restante do chocolate e sirva. Delicioso.

CALORIAS	GORDURA	GORDURA SATURADA	PROTEÍNA	CARBOIDRATOS	AÇÚCAR	SAL	FIBRAS
482 kcal	22 g	8,1 g	9,6 g	63,5 g	48,7 g	0,8 g	3,1 g

RASPADINHA DE MELANCIA

SERVE 8 | 14 MINUTOS DE PREPARO | 8 HORAS NO CONGELADOR

1 melancia pequena (1,8 kg)

60 g de gengibre em calda

2 limões-taiti

½ maço de hortelã fresca (15 g)

8 colheres (sopa) de iogurte natural

Abra a melancia e corte a polpa, descartando as sementes. Pique grosseiramente o gengibre e ponha em um saco tipo zip grande com a melancia. Inclua raspas finas das cascas de limão e todo o sumo e congele por pelo menos 8 horas ou até ficar bem duro.

Quando for servir, separe as folhas menores de hortelã e bata o restante no processador de alimentos. Inclua a mistura de melancia congelada e bata até virar uma raspadinha (em levas, se necessário). Sirva 2 colheres (sopa) cheias por pessoa, com 1 colher (sopa) de iogurte, um fio da calda do gengibre e algumas folhas pequenas de hortelã. É melhor usar pratos, tigelas ou taças gelados.

CALORIAS	GORDURA	GORDURA SATURADA	PROTEÍNA	CARBOIDRATOS	AÇÚCAR	SAL	FIBRAS
109 kcal	1,6 g	0,8 g	2,2 g	22,7 g	22,4 g	0,1 g	0 g

PERA FLAMBADA COM CHOCOLATE

SERVE 4 | 15 MINUTOS NO TOTAL

40 g de avelãs branqueadas

1 lata de 410 g de peras em calda

50 ml de armagnac

50 g de chocolate amargo (70%)

4 bolas grandes de sorvete de baunilha

Toste as avelãs em uma frigideira grande e antiaderente em fogo alto por 2 minutos até dourar levemente, mexendo com frequência. Coloque em um pilão, devolvendo a frigideira ao fogo em seguida. Acrescente a pera (com a calda), deixe esquentar e adicione o armagnac. Afaste-se e coloque fogo na bebida com cuidado, usando um fósforo. Deixe flambar, depois ferver e reduzir até chegar à consistência de xarope. Enquanto isso, esmague a avelã e divida em quatro pratos.

Transfira a pera para os pratos, com o lado cortado para cima. Retire o xarope do fogo e inclua a maior parte do chocolate na frigideira. Enquanto derrete, cubra cada pilha de avelã com uma bola de sorvete e rale por cima o restante do chocolate. Misture o xarope com o chocolate, regue as metades de pera e sirva.

CALORIAS	GORDURA	GORDURA SATURADA	PROTEÍNA	CARBOIDRATOS	AÇÚCAR	SAL	FIBRAS
275 kcal	14 g	5,2 g	3,9 g	28,3 g	27,9 g	0,1 g	0,8 g

ARROZ-DOCE COM MANGA

SERVE 4 | 28 MINUTOS NO TOTAL

150 g de arroz tipo 1

4 anises-estrelados

350 g de manga em pedaços

4 colheres (sopa) de mel

4 colheres (sopa) de iogurte grego de coco

Junte o arroz, o anis-estrelado, a manga, 3 colheres (sopa) de mel e uma pitada pequena de sal marinho em uma panela em fogo médio. Cubra com 700 ml de água e deixe em fervura baixa por 25 minutos ou até engrossar e ficar cremoso, mexendo de vez em quando.

Adicione o iogurte, misture e divida entre as taças de sobremesa. Regue com o restante do mel e aproveite. Facílimo!

CALORIAS	GORDURA	GORDURA SATURADA	PROTEÍNA	CARBOIDRATOS	AÇÚCAR	SAL	FIBRAS
276 kcal	3 g	2,2 g	3,5 g	63,2 g	29,4 g	0,2 g	0,6 g

MASSA FILO COM FRAMBOESA E MEL

SERVE 4 | 14 MINUTOS NO TOTAL

3 folhas de massa filo

6 colheres (chá) cheias de mel

40 g de pistache

200 g de framboesa

400 g de iogurte grego de coco

Preaqueça o forno a 180°C. Coloque 1 folha de massa filo em uma assadeira untada com azeite, regue do alto com 1 colher (chá) cheia de mel e repita com o restante. Depois de colocar a última, regue com um pouco de azeite. Polvilhe com o pistache e asse por 10 minutos ou até tudo dourar. Enquanto isso, amasse metade da framboesa com um garfo e misture ao iogurte, então divida entre os pratos.

Transfira o pistache para uma tábua e esmague levemente. Quebre pedaços de massa filo e disponha sobre o iogurte. Cubra com o pistache e o restante da framboesa e regue do alto com o que sobrou do mel.

CALORIAS	GORDURA	GORDURA SATURADA	PROTEÍNA	CARBOIDRATOS	AÇÚCAR	SAL	FIBRAS
359 kcal	18 g	11,2 g	6,6 g	45 g	18,4 g	0,4 g	2 g

BISCOITO DE AVEIA DO BUDDY

RENDE 16 | 29 MINUTOS NO TOTAL

100 g de manteiga sem sal (em temperatura ambiente)

100 g de mix de oleaginosas e frutas secas

100 g de aveia em flocos grossos

100 g de farinha com fermento

100 g de golden syrup ou mel

Preaqueça o forno a 180°C. Forre uma fôrma quadrada e funda de 20 cm com papel-manteiga e unte com azeite. Bata a manteiga, as oleaginosas, as frutas secas, a aveia e a farinha em um processador de alimentos até que a mistura se agregue e solte da parede do recipiente, então inclua o xarope até misturar bem.

Transfira para a fôrma e asse por 15 a 20 minutos ou até dourar. Retire do forno, divida em 16 quadrados e deixe esfriar na fôrma por 5 minutos. Use o papel para transferir para uma grade e deixe esfriar completamente. É simples, fácil e delicioso — pode divulgar!

CALORIAS	GORDURA	GORDURA SATURADA	PROTEÍNA	CARBOIDRATOS	AÇÚCAR	SAL	FIBRAS
140 kcal	7,9 g	3,8 g	2,1 g	16,1 g	6,9 g	0,1 g	1 g

AFFOGATO COM NOZES

SERVE 4 | 9 MINUTOS NO TOTAL

50 g de chocolate amargo (70%)

20 g de manteiga sem sal

50 g de nozes sem sal

4 bolas grandes de sorvete de baunilha

4 doses longas de café expresso

Derreta o chocolate e a manteiga com uma pitada de sal marinho em uma tigela resistente ao calor sobre uma panela com água fervendo levemente, então retire. Reserve 4 nozes perfeitas para decorar e pique ou quebre o restante.

Sirva as bolas de sorvete em 4 xícaras de chá. Polvilhe com as nozes quebradas ou picadas, regue com uma dose de expresso quente, disponha uma noz reservada por cima e finalize com o chocolate derretido.

CALORIAS	GORDURA	GORDURA SATURADA	PROTEÍNA	CARBOIDRATOS	AÇÚCAR	SAL	FIBRAS
272 kcal	20,3 g	8,2 g	4,2 g	19,5 g	19,3 g	0,6 g	4,2 g

BISCOITOS DE FUBÁ

RENDE 24 | 28 MINUTOS NO TOTAL

100 g de manteiga sem sal (fria)

50 g de fubá

150 g de farinha com fermento

100 g de açúcar demerara, e mais para polvilhar

2 limões-sicilianos (ou laranjas)

Preaqueça o forno a 180°C. Forre duas assadeiras com papel-manteiga e unte com azeite. Corte a manteiga em cubos e leve ao processador de alimentos com o fubá, a farinha e o açúcar. Rale fino a casca de 1 limão-siciliano (ou laranja) e bata para misturar. Adicione o sumo de ½ limão-siciliano (ou laranja) e bata de novo para agregar a mistura, formando uma bola de massa.

Divida em 24 pedaços, faça bolinhas e disponha nas assadeiras, deixando um espaço de 5 cm entre elas. Com o dedão, faça uma cavidade de 1 cm de profundidade no centro de cada bolinha. Rale fino a casca do restante do limão-siciliano (ou laranja) e polvilhe por cima de cada cavidade e faça o mesmo com o açúcar. Asse por 10 minutos ou até dourar levemente. Transfira para uma grade para resfriar e sirva a seguir.

CALORIAS	GORDURA	GORDURA SATURADA	PROTEÍNA	CARBOIDRATOS	AÇÚCAR	SAL	FIBRAS
70 kcal	3,6 g	2,2 g	0,7 g	9,4 g	4,4 g	0,1 g	0,2 g

MERENGUE COM FRUTAS VERMELHAS

SERVE 2 | 8 MINUTOS NO TOTAL

2 bolas grandes de sorvete de baunilha

200 g de blueberry

2 suspiros prontos

100 g de framboesa

chocolate amargo (70%), para servir

Retire o sorvete do congelador. Coloque o blueberry em uma frigideira antiaderente com um pouco de água e leve ao fogo alto por 2 minutos ou até começar a estourar e se desfazer, então retire do fogo.

Na ordem que quiser, sirva em taças ou tigelas os suspiros já quebrados, as framboesas cortadas ao meio, uma bela bola de sorvete e o blueberry estourado e seu sumo. Finalize com raspas ou lascas de chocolate por cima e sirva essa maravilhosa colisão de sabores.

CALORIAS	GORDURA	GORDURA SATURADA	PROTEÍNA	CARBOIDRATOS	AÇÚCAR	SAL	FIBRAS
250 kcal	7,2 g	4,3 g	4,7 g	44,1 g	44 g	0,1 g	1,6 g

NUTRIÇÃO: NOTA DA EQUIPE DO JAMIE

Nosso trabalho é ao mesmo tempo garantir que Jamie possa ser supercriativo e que todas as suas receitas sigam as regras gerais que traçamos. Com exceção do capítulo de doces, 70% das receitas deste livro se encaixam nas nossas diretrizes saudáveis, mas não são refeições completas, de modo que é preciso aliá-las ao que estiver faltando. Para que você possa tomar decisões bem informadas, incluímos uma tabela nutricional na página de cada receita, de modo que compreenda facilmente o que está comendo. Lembre-se: uma alimentação boa e equilibrada e exercícios regulares são a chave para um estilo de vida mais saudável. Para mais informações sobre nossas diretrizes e sobre como analisamos as receitas, visite <jamieoliver.com/nutrition> (em inglês).

Laura Matthews — chefe de nutrição

O PRATO BALANCEADO

Equilíbrio é chave quando se trata de comer bem. Balanceando bem seu prato e mantendo as porções controladas, você terá certeza de que está no caminho certo para a boa saúde.

Não é preciso alcançar a perfeição todo dia — tente chegar ao equilíbrio durante a semana. Se você come carne, como regra geral para refeições principais, consuma pelo menos duas porções de peixe por semana, uma delas de peixe oleoso. O restante deve ser dividido entre pratos baseados em vegetais, frango e um pouco de carne vermelha. Uma alimentação vegetariana também pode ser perfeitamente saudável.

COMO EQUILIBRAR SEU PRATO

Seguimos as diretrizes do governo inglês, divulgadas pelo Public Health England. Confira as porcentagens exatas recomendadas abaixo e relacione-as com a proporção de comida em seu prato.

CINCO GRUPOS ALIMENTARES	PROPORÇÃO NO PRATO
Vegetais e frutas	Pouco mais de ⅓ (40%)
Carboidratos ricos em amido (pão, arroz, batata, macarrão)	Pouco mais de ⅓ (38%)
Proteínas (carne vermelha e branca, ovos, feijão e outras fontes não lácteas)	Cerca de ⅛ (12%)
Leite e derivados (e alternativas)	Cerca de ⅛ (8%)
Gorduras insaturadas (como óleo e azeite)	Pequenas quantidades (1%)
E NÃO SE ESQUEÇA DE BEBER BASTANTE ÁGUA	

VEGETAIS E FRUTAS

Esse presente nutricional, rico em vitaminas e minerais, deve estar no centro da sua alimentação. Vegetais e frutas maravilhosos vêm em todos os formatos, tamanhos, cores, sabores e texturas. Coma colorido, variando o máximo que puder suas escolhas e dando preferência aos alimentos da época para consumir os melhores e mais nutritivos. O mínimo são 80 g de vegetais e frutas frescos, congelados ou enlatados todos os dias da semana. Coma mais sempre que possível. Você também pode incluir por dia uma porção de 30 g de frutas secas, uma porção de 80 g de leguminosas ou oleaginosas e 150 ml de suco de frutas ou vegetais sem açúcar.

CARBOIDRATOS RICOS EM AMIDO

Carboidratos nos deixam felizes e satisfeitos, e o que é crucial: também fornecem uma grande quantidade da energia de que precisamos para movimentar o corpo e garantem que nossos órgãos tenham o combustível necessário para funcionar. Sempre que puder, escolha variedades integrais e ricas em fibras, que são digeridas de forma mais lenta e liberam menos açúcar no sangue, fornecendo assim níveis de energia mais sustentáveis e mantendo você satisfeito por mais tempo. O adulto médio deve comer cerca de 260 g de carboidratos por dia, até 90 g dos quais vindos de açúcares. Fibras também são classificadas como carboidratos, e nosso objetivo de consumo deve ser cerca de 30 g por dia.

PROTEÍNAS

Essa é uma parte importante da sua alimentação, mas que precisa ser controlada. Pense em proteínas como os tijolos do corpo — elas são usadas em tudo o que precisamos fazer crescer e consertar. Em geral, a quantidade ideal para mulheres de dezenove a cinquenta anos é de 45 g por dia, enquanto para homens da mesma faixa etária é de 55 g.

LEITE E DERIVADOS (E ALTERNATIVAS)

Essa fatia do prato equilibrado oferece uma variedade impressionante de nutrientes quando comemos na quantidade certa. Prefira leite, iogurte e pequenas porções de queijo. No caso do leite e do iogurte, as versões com menos gordura (e sem açúcar adicionado) são igualmente importantes e devem ser priorizadas.

GORDURAS INSATURADAS

Embora em pequenas quantidades, precisamos de gorduras boas. Escolha fontes insaturadas sempre que puder, como azeite e óleos vegetais, oleaginosas, sementes, abacate e peixes oleosos e ricos em ômega-3. De modo geral, a recomendação é de que mulheres não consumam mais de 70 g de gordura por dia, sendo menos de 20 g disso gordura saturada, e homens não consumam mais de 90 g, sendo menos de 30 g disso de gordura saturada.

ÁGUA

É bem simples: para estar em seu melhor, mantenha-se hidratado. A água é essencial para a vida. Em geral, homens com mais de catorze anos precisam de pelo menos 2,5 litros por dia, e mulheres da mesma faixa etária precisam de 2 litros.

INFORMAÇÕES ENERGÉTICAS E NUTRICIONAIS

De modo geral, uma mulher necessita de 2 mil calorias por dia, enquanto um homem precisa de 2500. Esses números são apenas guias, e o que comemos deve ser considerado em relação a fatores como idade, estrutura corporal, estilo de vida e níveis de atividade. A boa notícia é que todo tipo de comida e bebida pode ser consumido com moderação como parte de uma alimentação saudável e balanceada, então você não precisa abrir mão de nada de que goste, a não ser por indicação de um médico ou nutricionista.

OBRIGADO

Tenho muito orgulho deste livro, particularmente do modo como minha equipe brilhante e as pessoas maravilhosas de fora com quem trabalhamos se envolveram para fazer o conceito dos *5 ingredientes* ganhar vida. Parte desse incrível talento pode ser visto na página ao lado, e esses rostos lindos e felizes são só a ponta do iceberg. Então lá vai…

Muitíssimo obrigado à minha equipe culinária incrivelmente talentosa. À mãezona Ginny Rolfe, a Abi "Scottish" Fawcett, Christina "Boochie" Mackenzie, Maddie Rix, Elspeth Allison, Jodene Jordan, Rachel Young, Jonny Lake e a Simon Parkinson, Bella Williams e Becca Sulocki. Ao inigualável sr. Pete Begg, a Bobby Sebire, Sarah "Tiddles" Tildesley, minha irmã grega Georgina Hayden, Joanne Lewis, Athina Andrelos, Bianca Koffman, Barnaby Purdy, Ella Miller, Helen Martin e Daniel Nowland. Às minhas talentosas nutricionistas Laura Matthews e Rozzie Batchelar, muito obrigado. Às minhas épicas garotas do texto, minha editora Rebecca "Rubs" Verity, Beth Stroud, Frances Stewart e a toda a equipe editorial. E a toda a galera que trabalha muito no escritório, especialmente Paul Hunt, Louise Holland, Claire Postans, Zoe Collins, Sy Brighton e Ali Solway. A Tamsyn Zietsman, Laura Jones, Ben Lifton e a todo o pessoal de RP e marketing, e a outras equipes de apoio: departamento pessoal, operações, jurídico, financeiro, TI e, é claro, meu leal exército de testadores — saúdo vocês!

No departamento de imagens, e há muitas neste livro, meu muito obrigado ao querido amigo David Loftus e a seu parceiro na iluminação e no tratamento, Richard Clatworthy. Obrigado, Dave, por sair da zona de conforto e aceitar a iluminação de estúdio neste projeto — estou muito satisfeito com o resultado a que chegamos juntos. Um agradecimento também ao meu amigo Paul Stuart, pela incrível capa e pelos retratos.

Quanto ao projeto gráfico — e o deste livro é leve, claro, ousado e lindo — meu muito obrigado a James Verity, da agência criativa Superfantastic, e pela ajuda com as fotos (assim como por ceder aos meus pedidos por música indie das antigas).

À equipe da Penguin Random House, que sempre me apoiou, liderada por Tom Weldon e a adorável Louise Moore. Um agradecimento especial a John Hamilton, Juliette Butler, Nick Lowndes, Elizabeth Smith, Merle Bennett, Clare Parker, Chantal Noel e Chris Turner, e à incrível turma que compõe suas respectivas equipes, Katherine Tibbals, Stuart Anderson, Jenny Platt, Anjali Nathani, Catherine Wood, Lucy Beresford-Knox, Celia Long, Martin Higgins, Katie Corcoran, Olivia Whitehead, Ben Hughes, Amy Wilkerson, Duncan Bruce, Samantha Fanaken e Jessica Sacco. E às inestimáveis Annie Lee, Caroline Pretty e Caroline Wilding.

Na TV — e, cara, estou muito animado com esse programa — um muitíssimo obrigado a todo mundo que trabalhou na produção. Sou muito agradecido a Katy Fryer, Sean Moxhay, Katie Millard, Ed St Giles, Niall Downing, Sam Beddoes, Gurvinder Singh, Leona Ekembe, Kirsten Hemingway, James Williams, Akaash Darji, James Bedwell, Kay Bennett, Mike Sarah, Joe Sarah, Dave Miller, Cliff Evans, Dave Minchin, Jim McLean, Jonnie Vacher, Calum Thomson, Luke Cardiff e Pete Bateson. Obrigado ao pessoal que cuidou da comida durante as filmagens — Krzysztof Adamek, Fred Augusts, Rogerio Nobrega e Ryan France. E, como sempre, muito obrigado a Lima O'Donnell, Julia Bell e Abbie Tyler também.

Do Channel 4, agradeço a Jay Hunt, Sarah Lazenby e Kelly Webb-Lamb por acreditarem em mim e apoiarem minha visão, e à equipe de Fremantle também.

E, é claro, por último mas de modo nenhum menos importante, à minha bela esposa, Jools, à minha banda — Poppy, Daisy, Petal, Buddy e River —, à minha mãe, ao meu pai, a Anna, à sra. N e a Gennaro. Amo todos vocês.

ÍNDICE REMISSIVO

Receitas marcadas com V são vegetarianas

A

abóbora
- salada de abóbora com harissa — V 21
- sopa de frango tailandesa — 111

abobrinha
- linguine com abobrinha e limão-siciliano — V 63
- peixe branco com pele crocante — 139

açafrão: arroz ao forno com açafrão — V 249

acelga
- arroz selvagem com amarena e acelga — V 33
- porco com grão-de-bico — 219

agrião
- bresaola, beterraba e raiz-forte — 31
- cavalinha defumada crocante — 35
- frango com molho chinês na alface — 15
- macarrão de arroz com tahine preto — V 251
- salada de pato com laranja — 27

aipo: salada de fava e atum — 29

aipo-rábano: salada de aipo-rábano e presunto cru — 43

alcaparras: macarrão com atum siciliano — 61

alecrim
- bacalhau fresco com pancetta defumada — 143
- bife-ancho épico — 183
- costeleta de porco com pêssego em calda — 217
- ensopado suculento de cordeiro — 239
- frango assado com ervas — 121

alface: frango com molho chinês na alface — 15

alho
- batata-doce cajun — V 175
- cogumelos assados ao alho — V 167
- couve-de-bruxelas tostada — V 159
- frango adocicado — 113
- frango crocante com alho — 109
- macarrão ao alho com cogumelos — V 65

almôndega: sanduíche de almôndega — 191

amêndoa
- bolo de fubá, amêndoa e laranja — V 271
- pêssego com suspiro e amêndoas — V 281
- pudim com calda de geleia — V 275
- salada de fava — V 23
- torta de amêndoa — V 267

amendoim
- berinjela teriyaki — V 179
- macarrão com frango — 101

anchova: salada morna de lentilha — 37

armanhaque: pera flambada com chocolate — V 291

arrabbiata: penne arrabbiata com berinjela — V 57

arroz
- arroz ao forno com açafrão — V 249
- arroz ao forno italiano — 257
- arroz com lentilha picante — V 253
- arroz com ovo coreano — V 81
- arroz com pak choi — V 261
- arroz frito com ovo — V 245
- arroz selvagem com amarena e acelga — V 33
- arroz-doce com manga — V 293
- peixe numa panela só — 149
- sopa apimentada de camarão — 153

aspargos
- aspargos e ovos com molho — V 165
- carne refogada expressa — 205
- macarrão com salmão defumado — 59
- nhoque rústico — V 169

assados *diversos*
- assado de linguiça e pão — 223
- frango assado com ervas — 121
- frango assado com harissa — 107

atum
- atum com crosta de gergelim — 135
- macarrão com atum siciliano — 61
- salada de fava e atum — 29
- salada oriental de atum — 145

aveia: biscoito de aveia do Buddy — V 297

avelã
- pera flambada com chocolate — V 291
- salada de couve e avelã — V 47

avocado
- café da manhã mexicano para o dia todo — V 89

lula crocante com avocado	133
salada de abóbora com harissa	V 21
salmão defumado com avocado	25
azeitona	
ensopado suculento de cordeiro	239
salmão com linguiça	125
salmão niçoise	19
ver também tapenade	

B

bacalhau fresco com pancetta defumada	143
bacon	
fígado, bacon e cebola	201
ver também pancetta	
banana: cheesecake banoffee congelado	V 287
batata	
batata e alcachofra ao forno	V 157
cordeiro com batata e ervilha	237
cozido de cordeiro e batata	231
frango assado com curry	99
frango assado com ervas	121
nhoque rústico	V 169
porco com batata gratinada	213
vieiras grelhadas com purê	129
batata-doce	
batata-doce cajun	V 175
salada de batata-doce	V 45
berinjela	
berinjela teriyaki	V 179
contrafilé com berinjela e tomate	187
curry de cordeiro aromático	233
penne arrabbiata com berinjela	V 57
beterraba	
beterraba com mexerica e queijo de cabra	V 171
bresaola, beterraba e raiz-forte	31
cavalinha defumada crocante	35
merengue com frutas vermelhas	V 303
bife-ancho épico	183
biscoitos	
biscoito de aveia do Buddy	V 297
biscoitos amanteigados com chocolate e raspas de laranja	V 279
biscoitos crocantes de maçã	V 269
biscoitos de centeio e chocolate	V 273
biscoitos de fubá	V 301
cheesecake banoffee congelado	V 287

blueberry	
carpaccio de abacaxi	V 285
merengue com frutas vermelhas	V 303
bolinho de peixe oriental	131
bolo: bolo de fubá, amêndoa e laranja	V 271
bourbon: costeleta de porco com pêssego em calda	217
bresaola	
bresaola, beterraba e raiz-forte	31
salada com ovos e bresaola	91
brócolis	
macarrão com frango	101
salada morna de lentilha	37

C

café da manhã mexicano para o dia todo	V 89
café: affogato com nozes	V 299
camarões	
camarão com chutney de manga	147
macarrão com camarão ao pesto rosé	73
sopa apimentada de camarão	153
carbonara com linguiça	53
carne *ver* carne bovina; frango; cordeiro; carne suína	11
carne apimentada com arroz de couve-flor	203
carne bovina	
bife-ancho épico	183
bresaola, beterraba e raiz-forte	31
carne apimentada com arroz de couve-flor	203
carne com molho de mostarda	199
carne refogada expressa	205
carpaccio de carne	197
contrafilé com berinjela e tomate	187
contrafilé com gengibre	185
ensopado de carne	195
fígado, bacon e cebola	201
filé à italiana	189
salada com ovos e bresaola	91
sanduíche de almôndega	191
sanduíche de carne	193
carne suína	
costeleta de porco com pêssego em calda	217
hambúrguer suíno delicioso	209
macarrão com porco e cogumelo	69
paleta de porco com molho teriyaki	221
porco à milanesa	215
porco com batata gratinada	213

porco com grão-de-bico			219
ver também bacon; presunto; pancetta; linguiça			
carpaccio			
carpaccio de abacaxi		V	285
carpaccio de carne			197
carré de cordeiro com molho de laranja			241
cavalinha defumada crocante			35
cebola em conserva: ensopado suculento de cordeiro			239
cebolas			
fígado, bacon e cebola			201
sanduíche de carne			193
ver também cebola em conserva			
cebolinha			
atum com crosta de gergelim			135
fritada de salmão defumado			87
paleta de porco com molho teriyaki			221
sopa apimentada de camarão			153
torta simples de peixe			127
cenoura			
carne com molho de mostarda			199
carré de cordeiro com molho de laranja			241
paleta de porco com molho teriyaki			221
salada de cenoura e tahine		V	39
salada de grãos e cenoura		V	17
cereja			
arroz selvagem com amarena e acelga		V	33
musse de chocolate com cereja		V	265
cerveja: pernil de cordeiro com cerveja e cevadinha			235
cevadinha: pernil de cordeiro com cerveja e cevadinha			235
cheesecake banoffee congelado		V	287
chicória: salada com ovos e bresaola			91
chipolatas ver linguiça			
chocolate			
affogato com nozes		V	299
biscoitos amanteigados com chocolate e raspas de laranja		V	279
biscoitos de centeio e chocolate		V	273
cheesecake banoffee congelado		V	287
merengue com frutas vermelhas		V	303
musse de chocolate com cereja		V	265
pera flambada com chocolate		V	291
chouriço: vieiras grelhadas com purê			129
chutney			
camarão com chutney de manga			147
pão de frigideira com ovo e chutney de manga		V	79
ciabatta: sopa de pão e tomate			173

cogumelos			
bife-ancho épico			183
cogumelos assados ao alho		V	167
frango cremoso com mostarda			117
fritada de cogumelos			93
macarrão ao alho com cogumelos		V	65
torta de frango na panela			103
macarrão com porco e cogumelo			69
macarrão com shitake e gergelim		V	255
cogumelo porcini: macarrão com porco e cogumelo			69
cogumelo portobello: cogumelos assados ao alho		V	167
contrafilé com berinjela e tomate			187
coração de alcachofra			
batata e alcachofra ao forno		V	157
peixe branco com pele crocante			139
cordeiro			
carré de cordeiro com molho de laranja			241
cordeiro com batata e ervilha			237
cozido de cordeiro e batata			231
curry de cordeiro aromático			233
ensopado suculento de cordeiro			239
kofta de cordeiro			229
paleta de cordeiro macia			227
pernil de cordeiro com cerveja e cevadinha			235
couve-de-bruxelas tostada		V	159
couve-flor			
carne apimentada com arroz de couve-flor			203
couve-flor assada inteira apimentada		V	161
frango assado com curry			99
couve-portuguesa			
arroz com lentilha picante		V	253
salada de couve e avelã		V	47
ver também couve-toscana			
couve-toscana: espaguete verde		V	51
cozido de cordeiro e batata			231
curry de cordeiro aromático			233
curry de peixe			137
curry expresso de espinafre		V	163

D

dukkah			
carpaccio de carne			197
couve-flor assada inteira apimentada		V	161

E

edamame: salada oriental de atum 145
endro: salmão defumado com avocado 25
ensopado de carne 195
ensopado suculento de cordeiro 239
erva-doce
    espaguete com siri e erva-doce 55
    batata e alcachofra ao forno V 157
ervas *ver* ervas individuais 11
ervilha
    cordeiro com batata e ervilha 237
    ervilha, fava, hortelã e pimenta V 177
    vieiras grelhadas com purê 129
    ver também ervilha-torta
ervilha-torta
    atum com crosta de gergelim 135
    macarrão de arroz com frango agridoce 247
espaguete
    espaguete com siri e erva-doce 55
    espaguete verde V 51
    espaguete ao vôngole apimentado 67
espinafre
    bacalhau fresco com pancetta defumada 143
    curry expresso de espinafre V 163
    torta simples de peixe 127

F

farfalle: farfalle com pera e gorgonzola V 71
fava
    salada de fava V 23
    ervilha, fava, hortelã e pimenta V 177
fava-manteiga: salada de fava e atum 29
feijão-branco
    assado de linguiça e pão 223
    bife-ancho épico 183
feijão-preto: café da manhã mexicano para o dia todo V 89
fígado, bacon e cebola 201
filé à italiana 189
filé
    bife-ancho épico 183
    contrafilé com berinjela e tomate 187
    contrafilé com gengibre 185
    filé à italiana 189
focaccia: assado de linguiça e pão 223
fontina: sanduíche de carne 193

framboesa
    massa filo com framboesa e mel V 295
    merengue com frutas vermelhas V 303
frango
    frango adocicado 113
    frango ao pesto com massa folhada 115
    frango assado com curry 99
    frango assado com ervas 121
    frango assado com harissa 107
    frango com gergelim 97
    frango com manteiga de amendoim 105
    frango com molho chinês na alface 15
    frango com molho oriental 119
    frango cremoso com mostarda 117
    frango crocante com alho 109
    macarrão com frango 101
    macarrão de arroz com frango agridoce 247
    sopa de frango tailandesa 111
    torta de frango na panela 103
fritada
    fritada de cogumelos 93
    fritada de salmão defumado 87
frutas *ver* frutas individuais
frutos do mar
    camarão com chutney de manga 147
    espaguete ao vôngole apimentado 67
    espaguete com siri e erva-doce 55
    lula crocante com avocado 133
    macarrão com camarão ao pesto rosé 73
    mariscos à Cornualha 141
    omelete de siri com pimenta 85
    sopa apimentada de camarão 153
    vieiras grelhadas com purê 129
    ver também peixe
fubá
    bolo de fubá, amêndoa e laranja 271
    biscoitos de fubá 301

G

geleia de pimenta
    arroz frito com ovo V 245
    bolinho de peixe oriental 131
    macarrão de arroz com frango agridoce 247
geleia: pudim com calda de geleia V 275
gengibre
    bolinho de peixe oriental 131

carne refogada expressa		205
contrafilé com gengibre		185
raspadinha de melancia	V	289
salada oriental de atum		145

gergelim
arroz com ovo coreano	V	81
atum com crosta de gergelim		135
frango com gergelim		97
macarrão com shitake e gergelim	V	255
macarrão de arroz com tahine preto	V	251
ovo frito oriental	V	83

gorgonzola: farfalle com pera e gorgonzola   V   71

grão-de-bico
porco com grão-de-bico		219
paleta de cordeiro macia		227

grãos: salada de grãos e cenoura   V   17

H

hadoque
torta simples de peixe		127
peixe numa panela só		149
curry de peixe		137

hambúrguer suíno delicioso   209

harissa rosa *ver* harissa

harissa
couve-flor assada inteira apimentada	V	161
frango assado com harissa		107
kofta de cordeiro		229
salada de abóbora com harissa	V	21

hortelã
carne apimentada com arroz de couve-flor		203
cozido de cordeiro e batata		231
ervilha, fava, hortelã e pimenta	V	177
linguine com abobrinha e limão-siciliano	V	63
peixe branco com pele crocante		139
salada de grãos e cenoura	V	17
salada de melancia, rabanete e feta	V	41
vieiras grelhadas com purê		129

K

kimchi: arroz com ovo coreano   V   81

L

laranja
biscoitos amanteigados com chocolate e raspas de laranja	V	279
biscoitos de fubá	V	301
bolo de fubá, amêndoa e laranja	V	271
carré de cordeiro com molho de laranja		241
frango com molho oriental		119
salada de pato com laranja		27

ver também mexerica

leguminosas
assado de linguiça e pão		223
bife-ancho épico		183
café da manhã mexicano para o dia todo	V	89
ervilha, fava, hortelã e pimenta	V	177
frango ao pesto com massa folhada		115
salada de fava e atum		29
salada de fava	V	23
salada oriental de atum		145
salmão niçoise		19

leite de coco
carne apimentada com arroz de couve-flor		203
curry de peixe		137
sopa apimentada de camarão		153
sopa de frango tailandesa		111

lentilha
arroz com lentilha picante	V	253
peixe branco com pancetta defumada		143
salada morna de lentilha		37

limão-siciliano
biscoitos de fubá	V	301
frango assado com ervas		121
linguine com abobrinha e limão-siciliano	V	63

ver também limão-siciliano em conserva

limão-siciliano em conserva
carpaccio de carne		197
paleta de cordeiro macia		227
salada morna de lentilha		37

linguiça
assado de linguiça e pão		223
carbonara com linguiça		53
linguiça assada com maçã		211

ver também chouriço; linguiça portuguesa; salame

linguiça portuguesa: salmão com linguiça   125

linguine
linguine com abobrinha e limão-siciliano	V	63
espaguete ao vôngole apimentado		67

lula crocante com avocado   133

M

- maçã
    - biscoitos crocantes de maçã — V 269
    - linguiça assada com maçã — 211
    - salada de cenoura e tahine — V 39
- macarrão com atum siciliano — 61
- macarrão com presunto e ovo — 259
- macarrão com salmão defumado — 59
- macarrão de arroz com frango agridoce — 247
- macarrão de arroz com tahine preto — V 251
- macarrão trofie: macarrão ao alho com cogumelos — V 65
- manga
    - arroz-doce com manga — V 293
    - frango com molho chinês na alface — 15
- manjericão
    - contrafilé com berinjela e tomate — 187
    - omelete de ovos mexidos — V 77
    - sopa de pão e tomate — V 173
- manteiga de amendoim: frango com manteiga de amendoim — 105
- mariscos à Cornualha — 141
- massa filo
    - massa filo com framboesa e mel — V 295
    - torta simples de peixe — 127
- massa folhada
    - frango ao pesto com massa folhada — 115
    - tarte tatin de ameixa — V 283
    - torta de amêndoa — V 267
    - torta de frango na panela — 103
- massa *ver* massa filo; massa folhada
- mel
    - arroz-doce com manga — V 293
    - bolo de fubá, amêndoa e laranja — V 271
    - contrafilé com gengibre — 185
    - linguiça assada com maçã — 211
    - massa filo com framboesa e mel — V 295
    - paleta de porco com molho teriyaki — 221
- melancia
    - raspadinha de melancia — V 289
    - salada de melancia, rabanete e feta — V 41
- mexerica: beterraba com mexerica e queijo de cabra — V 171
- molho douchi
    - carne refogada expressa — 205
    - macarrão com frango — 101
- molho hoisin
    - arroz com pak choi — V 261
    - frango com molho chinês na alface — 15
    - frango com molho oriental — 119
    - ovo frito oriental — V 83
- molho inglês
    - carne com molho de mostarda — 199
    - macarrão de arroz com frango agridoce — 247
- molho teriyaki
    - berinjela teriyaki — V 179
    - frango com gergelim — 97
    - macarrão de arroz com tahine preto — V 251
    - paleta de porco com molho teriyaki — 221
- mostarda
    - aspargos e ovos com molho — V 165
    - carne com molho de mostarda — 199
    - frango cremoso com mostarda — 117
    - salada de aipo-rábano e presunto cru — 43
    - sanduíche de carne — 193
- mozarela de búfala
    - omelete de ovos mexidos — V 77
    - salada de abóbora com harissa — V 21
    - sanduíche de almôndega — 191
- musse: musse de chocolate com cereja — V 265

N

- 'nduja: espaguete ao vôngole apimentado — 67
- nhoque rústico — V 169
- nozes
    - affogato com nozes — V 299
    - arroz selvagem com amarena e acelga — V 33
    - beterraba com mexerica e queijo de cabra — V 171
    - farfalle com pera e gorgonzola — V 71
    - salada de pato com laranja — 27

O

- omelete
    - omelete de ovos mexidos — V 77
    - omelete de siri com pimenta — 85
    - *ver também* ovos; fritada
- ovo frito oriental — V 83
- ovos
    - arroz com ovo coreano — V 81
    - arroz frito com ovo — V 245
    - aspargos e ovos com molho — V 165
    - café da manhã mexicano para o dia todo — V 89
    - carbonara com linguiça — 53

fritada de cogumelos		93	linguine com abobrinha e limão-siciliano	V	63
fritada de salmão defumado		87	macarrão ao alho com cogumelos	V	65
macarrão com presunto e ovo		259	macarrão com atum siciliano		61
omelete de ovos mexidos	V	77	macarrão com camarão ao pesto rosé		73
omelete de siri com pimenta		85	macarrão com porco e cogumelo		69
ovo frito oriental	V	83	macarrão com salmão defumado		59
pão de frigideira com ovo e chutney de manga	V	79	penne arrabbiata com berinjela	V	57
salada com ovos e bresaola		91	pastinaca: linguiça assada com maçã		211
salmão niçoise		19	peixe		11

P

pak choi			atum com crosta de gergelim		135
arroz com pak choi	V	261	bacalhau fresco com pancetta defumada		143
contrafilé com gengibre		185	bolinho de peixe oriental		131
paleta de cordeiro macia		227	cavalinha defumada crocante		35
paleta de porco com molho teriyaki		221	curry de peixe		137
pancetta: peixe branco com pancetta defumada		143	fritada de salmão defumado		87
pão de centeio: biscoitos de centeio e chocolate	V	273	macarrão com atum siciliano		61
pão			macarrão com salmão defumado		59
assado de linguiça e pão		223	peixe branco com pele crocante		139
frango crocante com alho		109	peixe numa panela só		149
porco à milanesa		215	robalo ao estilo tailandês		151
sopa de pão e tomate	V	173	salada de fava e atum		29
ver também pita; pão de centeio; sanduíches			salada morna de lentilha		37
parafuso: macarrão ao alho com cogumelos	V	65	salada oriental de atum		145
parmesão			salmão com linguiça		125
batata e alcachofra ao forno	V	157	salmão defumado com avocado		25
macarrão com porco e cogumelo		69	salmão niçoise		19
nhoque rústico	V	169	torta simples de peixe		127
pasta de curry			*ver também* frutos do mar		
arroz com lentilha picante	V	253	peixe branco		
camarão com chutney de manga		147	bacalhau fresco com pancetta defumada		143
curry de cordeiro aromático		233	peixe branco com pele crocante		139
curry de peixe		137	peixe numa panela só		149
curry expresso de espinafre	V	163	penne		
frango assado com curry		99	macarrão com porco e cogumelo		69
macarrão com presunto e ovo		259	penne arrabbiata com berinjela	V	57
robalo ao estilo tailandês		151	pepino: salmão defumado com avocado		25
sopa apimentada de camarão		153	pera flambada com chocolate	V	291
sopa de frango tailandesa		111	pera		
pasta			farfalle com pera e gorgonzola	V	71
carbonara com linguiça		53	hambúrguer suíno delicioso		209
espaguete ao vôngole apimentado		67	pera flambada com chocolate	V	291
espaguete com siri e erva-doce		55	pernil de cordeiro com cerveja e cevadinha		235
espaguete verde	V	51	pêssego		
farfalle com pera e gorgonzola	V	71	costeleta de porco com pêssego em calda		217
			pêssego com suspiro e amêndoas	V	281
			pesto		
			cordeiro com batata e ervilha		237

filé à italiana			189
frango ao pesto com massa folhada			115
macarrão com camarão ao pesto rosé			73
sanduíche de almôndega			191
pimenta			
arroz com pak choi		V	261
berinjela teriyaki		V	179
café da manhã mexicano para o dia todo		V	89
ensopado de carne			195
ervilha, fava, hortelã e pimenta		V	177
espaguete com siri e erva-doce			55
frango assado com harissa			107
frango com gergelim			97
frango com manteiga de amendoim			105
frango com molho oriental			119
omelete de ovos mexidos		V	77
omelete de siri com pimenta			85
ovo frito oriental		V	83
pão de frigideira com ovo e chutney de manga		V	79
peixe branco com pele crocante			139
penne arrabbiata com berinjela		V	57
porco com grão-de-bico			219
salada de fava		V	23
salada morna de lentilha			37
pita			
kofta de cordeiro			229
pão de frigideira com ovo e chutney de manga		V	79
porco à milanesa			215
presunto cru			
porco com batata gratinada			213
salada de aipo-rábano e presunto cru			43
provolone: sanduíche de carne			193
pudim com calda de geleia		V	275

Q

queijo			
batata e alcachofra ao forno		V	157
beterraba com mexerica e queijo de cabra		V	171
cogumelos assados ao alho		V	167
curry expresso de espinafre		V	163
espaguete verde		V	51
farfalle com pera e gorgonzola		V	71
fritada de cogumelos			93
hambúrguer suíno delicioso			209
macarrão com porco e cogumelo			69
nhoque rústico		V	169

omelete de ovos mexidos		V	77
salada de abóbora com harissa		V	21
salada de melancia, rabanete e feta		V	41
sanduíche de almôndega			191
sanduíche de carne			193
torta simples de peixe			127
queijo de cabra: beterraba com mexerica e queijo de cabra		V	171
queijo paneer: curry expresso de espinafre		V	163
quibe: kofta de cordeiro			229

R

rabanete			
carpaccio de carne			197
salada de melancia, rabanete e feta		V	41
salada oriental de atum			145
radicchio: farfalle com pera e gorgonzola		V	71
raiz-forte			
bresaola, beterraba e raiz-forte			31
cavalinha defumada crocante			35
ras el hanout: paleta de cordeiro macia			227
raspadinha: raspadinha de melancia		V	289
repolho roxo: kofta de cordeiro			229
ricota: espaguete verde		V	51
robalo ao estilo tailandês			151
romã			
carpaccio de carne			197
couve-de-bruxelas tostada		V	159
couve-flor assada inteira apimentada		V	161
salada de grãos e cenoura		V	17
rum: sorvete com farofa de gengibre e uva-passa flambada		V	277

S

salada			
arroz selvagem com amarena e acelga		V	33
aspargos e ovos com molho		V	165
beterraba com mexerica e queijo de cabra		V	171
bresaola, beterraba e raiz-forte			31
cavalinha defumada crocante			35
couve-de-bruxelas tostada		V	159
ervilha, fava, hortelã e pimenta		V	177
frango com molho chinês na alface			15
salada com ovos e bresaola			91
salada de abóbora com harissa		V	21

salada de aipo-rábano e presunto cru		43
salada de batata-doce	V	45
salada de cenoura e tahine	V	39
salada de couve e avelã	V	47
salada de fava e atum		29
salada de fava	V	23
salada de grãos e cenoura	V	17
salada de melancia, rabanete e feta	V	41
salada de pato com laranja		27
salada morna de lentilha		37
salada oriental de atum		145
salmão defumado com avocado		25
salmão niçoise		19
salame: arroz ao forno italiano		257
salmão		
bolinho de peixe oriental		131
fritada de salmão defumado		87
macarrão com salmão defumado		59
salmão com linguiça		125
salmão defumado com avocado		25
salmão niçoise		19
sanduíche de almôndega		191
sanduíche: sanduíche de carne		193
shitake: macarrão com shitake e gergelim	V	255
sidra: mariscos à Cornualha		141
siri		
espaguete com siri e erva-doce		55
omelete de siri com pimenta		85
sopa		
sopa apimentada de camarão		153
sopa de frango tailandesa		111
sopa de pão e tomate	V	173
sorvete		
affogato com nozes	V	299
merengue com frutas vermelhas	V	303
pera flambada com chocolate	V	291
pêssego com suspiro e amêndoas	V	281
sorvete com farofa de gengibre e uva-passa flambada	V	277
tarte tatin de ameixa	V	283
suspiro		
merengue com frutas vermelhas	V	303
pêssego com suspiro e amêndoas	V	281

T

tahine: salada de cenoura e tahine		39
talharim		
carbonara com linguiça		53
macarrão com camarão ao pesto rosé		72
macarrão com frango		101
macarrão com presunto e ovo		259
macarrão com salmão defumado		59
macarrão com shitake e gergelim	V	255
macarrão de arroz com frango agridoce		247
macarrão de arroz com tahine preto	V	251
tapenade: peixe numa panela só		149
tarte tatin: tarte tatin de ameixa	V	283
tofu: arroz frito com ovo	V	245
tomate		
arroz ao forno com açafrão	V	249
assado de linguiça e pão		223
cogumelos assados ao alho	V	167
contrafilé com berinjela e tomate		187
curry de peixe		137
ensopado suculento de cordeiro		239
espaguete com siri e erva-doce		55
frango ao pesto com massa folhada		115
macarrão com atum siciliano		61
omelete de ovos mexidos	V	77
paleta de cordeiro macia		227
peixe numa panela só		149
penne arrabbiata com berinjela	V	57
porco à milanesa		215
salada de batata-doce	V	45
salmão com linguiça		125
sanduíche de almôndega		191
sopa de pão e tomate	V	173
torta		
tarte tatin de ameixa	V	283
torta de frango na panela		103
torta simples de peixe		127
torta simples de peixe		127

U

uva: frango adocicado		113
uva-passa preta: sorvete com farofa de gengibre e uva-passa flambada	V	277

V

vagem		
frango ao pesto com massa folhada		115
salmão niçoise		19

vegetais *ver* vegetais individuais
vermute: frango adocicado 113
vieiras grelhadas com purê 129

vinho
    espaguete ao vôngole apimentado 67
    macarrão com camarão ao pesto rosé 73
vôngole: espaguete ao vôngole apimentado 67

LIVROS DE JAMIE OLIVER

O CHEF SEM MISTÉRIOS 2005

O RETORNO DO CHEF SEM MISTÉRIOS 2006

JAMIE VIAJA 2011

JAMIE EM CASA 2008

REVOLUÇÃO NA COZINHA 2009

A AMÉRICA DE JAMIE OLIVER 2010

30 MINUTOS E PRONTO 2012

15 MINUTOS E PRONTO 2013

ECONOMIZE COM JAMIE 2014

COMIDA CASEIRA 2015

COMIDA SAUDÁVEL 2016

Copyright © by Jamie Oliver, 2017
Copyright das imagens das receitas e fotos das dedicatórias © 2017 by Jamie Oliver Enterprises Limited

Edição original em inglês publicada por Penguin Books Ltd, London, WC2R ORL, UK

Companhia de Mesa é um selo da Editora Schwarcz S.A.

Grafia atualizada segundo o Acordo Ortográfico da Língua Portuguesa de 1990,
que entrou em vigor no Brasil em 2009.

TÍTULO ORIGINAL 5 Ingredients: Quick & Easy Food
FOTO DE CAPA E FOTOS DE ESTÚDIO @ by Paul Stuart, 2017
PROJETO GRÁFICO Superfantastic
PREPARAÇÃO Andréa Bruno
REVISÃO Márcia Moura e Angela das Neves

Dados Internacionais de Catalogação na Publicação (CIP)
(Câmara Brasileira do Livro, SP, Brasil)

Oliver, Jamie
  5 ingredientes : comida rápida e fácil / Jamie Oliver ; fotos dos pratos David Loftus ; retratos Paul Stuart & Jamie Oliver ; projeto gráfico James Verity/ Superfantastic ; tradução Lígia Azevedo — 1ª ed. — São Paulo : Companhia de Mesa, 2019.

  Título original: 5 Ingredients : Quick & Easy Food.
  ISBN 978-85-92754-13-6

  1. Culinária 2. Culinária (Receitas) 3. Gastronomia I. Loftus, David. II. Stuart, Paul. III. Oliver, Jamie. IV. James Verity/ Superfantastic. IV. Título.

19-26235   CDD-641.5

Índice para catálogo sistemático:
1. Receitas : Culinária : Economia doméstica 641.5

Maria Alice Ferreira – Bibliotecária – CRB-8/7964

[2019]
Todos os direitos desta edição reservados à
EDITORA SCHWARCZ S.A.
Rua Bandeira Paulista, 702, cj. 32
04532-002 — São Paulo — SP
Telefone: (11) 3707-3500
www.companhiadasletras.com.br
instagram.com/companhiademesa

QUER MAIS?

Para mais informações sobre nutrição, vídeos, dicas e truques, além de receitas deliciosas, confira

JAMIEOLIVER.COM